BEI GRIN MACHT SICH IHR WISSEN BEZAHLT

- Wir veröffentlichen Ihre Hausarbeit,
  Bachelor- und Masterarbeit

- Ihr eigenes eBook und Buch -
  weltweit in allen wichtigen Shops

- Verdienen Sie an jedem Verkauf

Jetzt bei www.GRIN.com hochladen und kostenlos publizieren

Künstliche Intelligenz im Marketing. Der Einsatz von Textgeneratoren

Katharina Westphal

Bibliografische Information der Deutschen Nationalbibliothek:

Die Deutsche Nationalbibliothek verzeichnet diese Publikation in der Deutschen Nationalbibliografie; detaillierte bibliografische Daten sind im Internet über http://dnb.d-nb.de abrufbar.

ISBN: 9783346939241
Dieses Buch ist auch als E-Book erhältlich.

Druck und Bindung: Books on Demand GmbH, Norderstedt Germany
Gedruckt auf säurefreiem Papier aus verantwortungsvollen Quellen

Das vorliegende Werk wurde sorgfältig erarbeitet. Dennoch übernehmen Autoren und Verlag für die Richtigkeit von Angaben, Hinweisen, Links und Ratschlägen sowie eventuelle Druckfehler keine Haftung.

Das Buch bei GRIN: https://www.grin.com/document/1391635

Academic Plus – Aktuell, relevant, hochwertig

Mit Academic Plus bietet GRIN ein eigenes Imprint für herausragende Abschlussarbeiten aus verschiedenen Fachbereichen. Alle Titel werden von der GRIN-Redaktion geprüft und ausgewählt.

Unsere Autor:innen greifen in ihren Publikationen aktuelle Themen und Fragestellungen auf, die im Mittelpunkt gesellschaftlicher Diskussionen stehen. Sie liefern fundierte Informationen, präzise Analysen und konkrete Lösungsvorschläge für Wissenschaft und Forschung.

Studiengang

Digital Media Marketing

PO Version 2018

Bachelorarbeit

Einsatz von Künstlicher Intelligenz im Marketing mit dem Fokus auf Textgeneratoren

The Use of Artificial Intelligence in Marketing with a Focus on Text Generators

vorgelegt von

Katharina Westphal

12. Juni 2023

Kurzfassung der Arbeit

Diese Bachelorarbeit untersucht die Anwendungsmöglichkeiten von Künstlicher Intelligenz im Marketing, insbesondere im Bereich der Textgeneratoren. Aufgrund der Digitalisierung und der Corona-Pandemie hat sich das Marketing stark verändert und Künstliche Intelligenz auf ein neues Niveau gehoben. Sowohl für Unternehmen als auch für Privatpersonen wird dieses Thema gegenwärtig und in naher Zukunft zu einem wichtigen Bestandteil des Alltags. Ein zentraler Aspekt dieser KI-basierten Textgeneratoren ist das Natural Language Processing, das die Analyse und Verarbeitung natürlicher Sprache ermöglicht, sowie die daraus resultierenden Generatoren wie beispielsweise "ChatGPT". Diese Arbeit behandelt die damit verbundenen Stärken und Schwächen und gibt einen Ausblick auf zukünftige Entwicklungen in diesem faszinierenden und schnelllebigen Bereich. Sie präsentiert Implikationen und Handlungsempfehlungen für Unternehmen, um mögliche Chancen durch den Einsatz von Textgeneratoren im Marketing zu nutzen. Die Recherche hat interessante Erkenntnisse über die derzeitige Nutzung und die Auswirkungen von KI auf die Arbeitswelt erbracht. In diesem Zuge wurden verschiedene Expertenmeinungen eingeholt. Die vorliegende Arbeit diskutiert auch, warum KI die nächste Revolution für die Gesellschaft sein könnte.

Abstract

This bachelor thesis explores the potential applications of Artificial Intelligence in marketing, particularly in the area of text generators. Due to digitalization and the Corona pandemic, marketing has changed a lot and Artificial Intelligence has been raised to a new level. For both businesses and individuals, this topic is currently becoming an important part of everyday life and will be in the near future. A key aspect of these AI-based text generators is Natural Language Processing, which enables the analysis and processing of natural language, and the resulting generators such as "ChatGPT". This paper addresses the strengths and weaknesses associated with these and provides an outlook on future developments in this fascinating and fast-moving area. It presents implications and recommended actions for companies to take advantage of potential opportunities using text generators in marketing. The research has yielded interesting insights into the current use and impact of AI on the world of work. In the process, various expert opinions were obtained. This paper also discusses why AI could be the next revolution for society.

Schlüsselwörter: Künstliche Intelligenz - Natural Language Processing – Chatbots - Large Language Model – Textgeneratoren – ChatGPT – Marketing - GPT

Inhalt

1 **Abkürzungsverzeichnis** 1

2 **Abbildungsverzeichnis** 1

3 **Tabellenverzeichnis** 1

4 **Einleitung und Zielsetzung** 3

   4.1   Einleitung 3

   4.2   Hintergrund und Motivation der Arbeit 3

   4.3   Forschungsfragen und Zielsetzung 4

   4.4   Methodik und Aufbau der Arbeit 5

5 **Grundlagen von KI und ihre Anwendungsmöglichkeiten** 7

   5.1   Definition und Abgrenzung von KI im Allgemeinen 7

   5.2   Entwicklung der Künstlichen Intelligenz 10

   5.3   Arten von KI und ihre Anwendungsmöglichkeiten 11

   5.4   Natural Language Processing 14

   5.5   Large Language Model 16

6 **Veränderungen im Marketing durch die Corona-Pandemie** 19

   6.1   Veränderungen im Konsumentenverhalten während der Pandemie 19

   6.2   Chancen und Herausforderungen für Unternehmen durch Covid-19 19

7 **KI im Marketing** 23

   7.1   Definition Marketing 23

   7.2   Digitalisierung im Marketing 24

   7.3   Möglichkeiten von KI im Marketing 25

   7.4   KI-Textgeneratoren 27

8 **Best Practices und die Integration von Textgeneratoren** 29

   8.1   KI-Tools 29

   8.2   Integration in die Marketingstrategie und Handlungsempfehlungen für Unternehmen 33

   8.3   Ethan Mollick - Experiment 37

9 **Stärken und Schwächen der Technologie** 39

   9.1   Stärken 39

   9.2   Schwächen 40

10 **Fazit und Ausblick** 43

   10.1   Zusammenfassung der Ergebnisse und Beantwortung der Forschungsfragen 43

   10.2   Ausblick auf zukünftige Entwicklungen 44

   10.3   Ausblick auf die Arbeitswelt 46

11 Literaturverzeichnis 49

11.1 Books, original works 49

11.2 Journal and newspaper articles...49

11.3 Internet Resources 51

11.4 Abbildungen 52

1 Abkürzungsverzeichnis

AI Artifical Intelligence (deutsch: Künstliche Intelligenz)

BERT Bidirectional Encoder Representations from Transformers

DL Deep Learning

GLUE General Language Understanding Evaluation

GPT Generative Pre-trained Transformer

IoT Internet of Things

KI Künstliche Intelligenz

LLM Large Language Model

ML Machine Learning

NER Named Entity Recognition

NLG Natural Language Generation

NLP Natural Language Processing

NLU Natural Language Understanding

2 Abbildungsverzeichnis

Abbildung 1: Abstufungen von künstlicher Intelligenz 8

Abbildung 2: Arten der KI 12

Abbildung 3: Bitkom Research 2022 21

Abbildung 4: Marketing-Mix...23

Abbildung 5: ChatGPT gefällt den Nutzer:innen 33

3 Tabellenverzeichnis

Tabelle 1: Meilensteine der KI 11

Tabelle 2: Einsatzbereiche von KI 14

Tabelle 3: LLM – Transformer Modelle 17

Tabelle 4: Textgeneratoren Beispiele 28

4 Einleitung und Zielsetzung

4.1 Einleitung

Viele von uns nutzen mittlerweile täglich verschiedenste Arten der Technik, darunter auch unbewusst eine Vielzahl von KI-Anwendungen. Diese revolutionäre Technologie (KI) und ihre progressive Verbreitung sind bekannt. Trotzdem ist vielen Menschen nicht vollständig klar, wie genau KI funktioniert, was zu einer Vielzahl von Spekulationen führt. Die exponentielle Zunahme der Nutzung von KI und das gleichzeitige Unwissen der Menschen stellen insgesamt eine Herausforderung dar und wecken sowohl Ängste als auch Hoffnungen. *"Die heutige KI stellt uns vor enorme Herausforderungen, weil sie meistens gut funktioniert, aber man nur bedingt versteht, warum sie funktioniert."* [1]

Um eine realistische Vorstellung davon zu bekommen, was möglich ist und was nicht, ist es von großer Bedeutung, sich eingehend mit den verschiedenen Arten von KI und ihren Anwendungen auseinanderzusetzen. KI kann in unterschiedlichen Formen auftreten, darunter maschinelles Lernen, neuronale Netzwerke oder natürliche Sprachverarbeitung. Jede dieser Formen hat ihre eigenen Fähigkeiten und Grenzen, die es zu verstehen gilt. Die Anwendungen von KI sind vielfältig und reichen von automatisierten Kundenservice-Chatbots bis hin zu personalisierten Empfehlungssystemen. KI kann bei der Analyse großer Datenmengen helfen, um Muster und Trends zu identifizieren, die für Unternehmen wertvolle Einblicke liefern können. Sie kann auch in der Medizin eingesetzt werden, um Krankheiten frühzeitig zu erkennen oder bei der Entwicklung neuer Medikamente zu unterstützen. Dennoch gibt es auch berechtigte Bedenken und ethische Fragen im Zusammenhang mit KI. Datenschutz, Fairness und Transparenz sind wichtige Aspekte, die bei der Entwicklung und Nutzung von KI-Systemen berücksichtigt werden müssen. Es ist von großer Bedeutung, dass KI-Systeme verantwortungsbewusst eingesetzt werden und keine negativen Auswirkungen auf die Gesellschaft haben, beispielsweise durch Diskriminierung oder Verletzung der Privatsphäre.

Künstliche Intelligenz hat bereits viele Anwendungsbereiche geprägt und entwickelte während der letzten Jahre einen Wettbewerb der verschiedenen Technologien. Sie wird unsere Welt in naher Zukunft stark verändern und wird daher ein wichtiger Teil der Arbeitswelt sein. Daher ist es erforderlich, sich sowohl mit den technischen Grundlagen als auch mit den ethischen und gesellschaftlichen Implikationen auseinanderzusetzen. Die wissenschaftliche Erforschung und Diskussion von KI sind unerlässlich, um ein ausgewogenes Verständnis dieser Technologie zu fördern und auf zukünftigen Entwicklungen vorbereitet zu sein.

4.2 Hintergrund und Motivation der Arbeit

Das gegenwärtig meistdiskutierte Thema im Bereich der Technologie ist auch an mir nicht unbemerkt vorübergegangen. Täglich erreichen uns Nachrichten aus verschiedenen Bereichen der künstlichen Intelligenz und ihre potenziellen Auswirkungen, die insbesondere meine Generation auf vielfältige Weise betreffen. Die Zukunft wird zweifellos durch KI erheblich beeinflusst werden, weshalb es umso wichtiger ist, sich intensiv damit auseinanderzusetzen. Es handelt sich um ein Thema, das bisher noch nicht vollständig aufgeklärt ist und daher viel

---

[1] (Trapp, 2021)

Unruhe erzeugt. Die Chancen und Herausforderungen, die mit dem Einsatz von KI-Textgeneratoren in der Marketingbranche einhergehen, sind von großer Relevanz. Es ist entscheidend, zu verstehen, wie diese Technologie unsere Arbeitsweise beeinflusst und welche Auswirkungen sie auf die Marketingstrategien von Unternehmen hat. Dabei spielen sowohl die Potenziale zur Effizienzsteigerung und personalisierten Kundenansprache als auch mögliche ethische und rechtliche Aspekte eine Rolle. Besonders im Fokus steht dabei das gegenwärtige Phänomen "ChatGPT", das auch mein Interesse und das vieler anderer geweckt hat. Es stellt sich die Frage, was diese Textgeneratoren konkret leisten können und in welchen Bereichen ein sinnvoller Einsatz erfolgen kann. Inwiefern werden sie die Arbeitsabläufe erleichtern und eine Rolle in meinem zukünftigen Beruf spielen? Werden sie meinen Job ersetzen können?

Hintergrund für die Wahl des Themas waren diese Fragen, verbunden mit meinem persönlichen Interesse für das Marketing durch mein Studium „Digital Media Marketing" sowie ein vollendetes Pflichtpraktikum im Bereich des Marketings. Dazu zählen meine vermutliche Karriere in dem Berufsfeld und die Veränderungen in der Zukunft, welche durch KI im Bereich des Marketings entstehen werden.

4.3 Forschungsfragen und Zielsetzung

Wie beeinflusst der Einsatz von Künstlicher Intelligenz die Wirksamkeit von Marketingmaßnahmen und was sind die Möglichkeiten von KI-basierten Textgeneratoren?

Diese Forschungsfrage zielt darauf ab, zu erläutern, wie der Einsatz von Künstlicher Intelligenz im Marketing die Wirksamkeit von Marketingmaßnahmen beeinflusst. Dabei wird die Entwicklung der KI im Marketing durch die Digitalisierung und Corona-Pandemie thematisiert. Diese wissenschaftliche Arbeit stellt darauf aufbauend die aktuellen Hindernisse und Herausforderungen bei der Implementierung von KI-basierten Lösungen dar und umfasst das aktuelle Thema der Text-Content Erstellung durch KI. Der Fokus liegt dabei auf den Textgeneratoren, wie ChatGPT, die zurzeit ein wichtiges Thema für die nahe und ferne Zukunft darlegen.

Durch die Zusammenfassung der aktuellen Forschungsergebnisse und die Beantwortung meiner Forschungsfragen ergibt sich ein umfassender Überblick über den Einsatz von KI-Textgeneratoren im Marketing. Dabei sollen sowohl die effektive Nutzung von KI-basierten Textgeneratoren, ihre Stärken und Schwächen, die potenziellen Risiken und Herausforderungen sowie mögliche Entwicklungen in der Zukunft dieser Technologie beleuchtet werden. Dies ermöglicht eine fundierte Einschätzung ihrer Relevanz und Integration in die Marketingstrategien von Unternehmen.

Im Verlauf meiner Arbeit werde ich mich mit verschiedenen Studien, Fachartikeln und Expertenmeinungen auseinandersetzen, um ein möglichst umfassendes Bild von der aktuellen Situation und den zukünftigen Entwicklungen zu erhalten. Zudem werde ich praxisnahe Beispiele und Fallstudien einbeziehen, um die Anwendungsgebiete und Erfahrungen mit KI-Textgeneratoren im Marketing zu veranschaulichen. Insgesamt erhoffe ich mir durch meine Arbeit eine fundierte und differenzierte Betrachtung der Integration von KI-Textgeneratoren in die Marketingstrategien von Unternehmen. Dabei sollen nicht nur die Potenziale und Chancen dieser Technologie herausgearbeitet, sondern auch mögliche Limitationen und ethische Fragestellungen kritisch hinterfragt werden. Dieser Erkenntnisgewinn soll sowohl für mich persönlich als auch für andere Interessierte eine Grundlage bieten, um die Zukunft des Marketings in einer von KI geprägten Welt aktiv mitzugestalten.

4.4 Methodik und Aufbau der Arbeit

Bei der Methodik dieser Arbeit handelt es sich um die systematische Literaturrecherche, um die gegebene Fragestellung durch das Nutzen von bestehenden Inhalten in der Fachliteratur beantworten zu können. Beginnend wurden die grundlegenden begrifflichen und konzeptionellen Rahmenbedingungen für das gesetzte Ziel geschaffen. Die Methode umfasste die Nutzung verschiedener Quellen, darunter wissenschaftliche Artikel, Bücher, Fachzeitschriften in renommierten Verlagsplattformen wie Springer sowie Online-Datenbanken wie Google Scholar. Zur Durchführung der Suche wurden zunächst geeignete Suchbegriffe und Schlagwörter entwickelt, die das Forschungsthema präzise abdecken. Diese Begriffe wurden anschließend in den Suchmaschinen der genannten Quellen eingegeben, um relevante Studien, Fachartikel und wissenschaftliche Publikationen zu identifizieren.

Die Auswahl der Quellen erfolgte anhand vordefinierter Einschluss- und Ausschlusskriterien. Hierbei wurden bestimmte Publikationstypen, Publikationsdaten und Sprachen berücksichtigt. Dies gewährleistete eine gezielte und fokussierte Auswahl der relevantesten Quellen. Die ausgewählten Quellen wurden gründlich durchgesehen und kritisch bewertet. Dabei wurden Aspekte wie die Methodik, die Stichprobengröße, die Validität der Studien sowie mögliche Vorurteile oder Einschränkungen berücksichtigt. Die extrahierten Informationen und relevanten Ergebnisse wurden systematisch erfasst und für die weitere Analyse und Synthese strukturiert. Besonderes Augenmerk wurde auf aktuelle Studien aus den Jahren 2022/23 gelegt, um sicherzustellen, dass die Forschungsergebnisse auf dem neuesten Stand sind und aktuelle Themen wie „ChatGPT" behandeln. Hierbei wurden regelmäßig die neuesten Veröffentlichungen in den genannten Quellen überprüft und relevante Studien in die Literaturliste aufgenommen. Die Kombination von renommierten Verlagsplattformen wie Springer und Online-Datenbanken wie Google Scholar ermöglichte einen umfassenden Zugriff auf eine Vielzahl relevanter Quellen aus unterschiedlichen Fachgebieten. Durch weiterführende Internet- und Literaturrecherchen wurden Erkenntnisse über den gegenwärtigen Einsatz von KI-Textgeneratoren sowie abzuleitende Zukunftsaussichten erfasst. Expertenaussagen dienten hierbei ebenfalls als wichtige Grundlage.

Aufgrund von aktueller und relevanter Literatur, Daten, Fakten und Analysen konnten Antworten zu den verschiedenen Bereichen der Arbeit gefunden werden. Im Anschluss wurden relevante Schlussfolgerungen für die Fragestellung verfasst. Die Dokumentation der verwendeten Quellen erfolgte gemäß den wissenschaftlichen Standards, um das korrekte Zitieren und Referenzieren in der Bachelorarbeit sicherzustellen. Dabei wurden Informationen wie Autor, Titel, Verlag und Publikationsdatum erfasst und in einem geeigneten Zitationsformat festgehalten.

Diese Arbeit ist in drei grobe Bereiche unterteilt. Beginnend werden alle theoretischen Grundlagen zum Thema erklärt, um einen Überblick für das gesamte Thema zu bekommen. Anschließend wird der Einsatz von KI im Marketing mit dem Fokus auf Textgeneratoren thematisiert und genauer auf die Forschungsfrage eingegangen. Darauf aufbauend werden die Stärken und Schwächen beschrieben und anschließend ein Fazit der Nutzung von KI-basierten Textgeneratoren gezogen.

5 Grundlagen von KI und ihre Anwendungsmöglichkeiten

Dieses Kapitel beinhaltet die Definition, Grundlagen, Entwicklung sowie die verschiedenen Arten von Künstlicher Intelligenz. Es werden erste Einblicke in die verschiedenen Anwendungsbereiche für das Grundverständnis gegeben. Anschließend wird der erste Teil von KI im Marketing mit dem Fokus auf Textgeneratoren vorgestellt.

5.1 Definition und Abgrenzung von KI im Allgemeinen

KI (Künstliche Intelligenz) ist ein Zweig der Informatik, der sich mit der Entwicklung von Technologien beschäftigt, die es Computern und Maschinen ermöglichen, menschenähnliche Intelligenz auf eine oder mehrere spezifische Aufgaben anzuwenden. Dazu gehören Fähigkeiten wie Spracherkennung, Bilderkennung, Entscheidungsfindung, Problemlösung und mittlerweile sogar Kreativität.

„KI-Technologien sind als Methoden und Verfahren zu verstehen, die es technischen Systemen ermöglichen, ihre Umwelt wahrzunehmen, das Wahrgenommene zu verarbeiten und selbständig Probleme zu lösen, Entscheidungen zu treffen, zu handeln und aus den Konsequenzen dieser Entscheidungen und Handlungen zu lernen." [2]

KI kann grob in zwei Kategorien eingeteilt werden. Die schwache und starke KI. Schwache KI, auch schmale oder enge KI genannt, bezieht sich auf Technologien, die auf eine bestimmte Aufgabe spezialisiert sind und nur in diesem Bereich als "intelligent" gelten. Die schwache KI (engl.: weak AI) zielt auf die Lösung konkreter, deutlicher Anwendungsprobleme ab. Dies erfolgt auf der Grundlage mathematischer Methoden (Algorithmen), die speziell für die jeweilige Anforderung entwickelt und optimiert werden. Dabei ist sie darauf ausgerichtet, den Menschen bei einer speziellen Tätigkeit zu unterstützen, kann jedoch nur auf Methoden zurückgreifen, die für die Problemlösung zur Verfügung gestellt werden. Es handelt sich dabei um regelbasierte Systeme, die vor allem auf die Erfüllung klar definierter Aufgaben ausgerichtet sind, ohne ein tieferes Verständnis für die Problemlösung zu erlangen. Diese Form der KI findet bereits Anwendung in vielen Bereichen, wie beispielsweise in der Zeichen- und Bilderkennung, wissensbasierten Expertensystemen oder Navigationssystemen. Ein Beispiel dafür sind Sprachassistenten wie Siri oder Alexa, die darauf trainiert sind, auf bestimmte Sprachbefehle zu reagieren. [3]

Starke KI, auch generelle KI genannt, bezieht sich auf Technologien, die in der Lage sind, menschenähnliche Intelligenz auf eine breitere Palette von Aufgaben anzuwenden und sogar selbstständig zu lernen und sich zu verbessern. Sie zeichnet sich durch logisches Denken, Treffen von Entscheidungen bei Unsicherheit, Planen, Lernen und Kommunikation in natürlicher Sprache aus und beschreibt im Allgemeinen die Nachahmung menschlichen Verhaltens, wie z. B. die Denkweise, das Bewusstsein, Kreativität und Weiteres. [4]

---

[2] (Menzel und Winkler, 2019)
[3] Vgl. (Menzel und Winkler, 2019)
[4] Vgl. (ebd.)

Künstliche Intelligenz kann auf verschiedenen Wegen erreicht werden, wobei zwei wesentliche Ansätze zu unterscheiden sind: basierend auf programmierten Abläufen oder durch maschinelles Lernen (s. Abb. 1) erzeugt. Die programmierte KI basiert auf vordefinierten Abläufen, die in Form von Algorithmen in den Code eingebunden werden. Diese Algorithmen sind in der Lage, bestimmte Aufgaben auszuführen und entsprechende Ergebnisse zu liefern, wobei sie oft auf spezifischen Regeln oder Entscheidungsbäumen basieren.

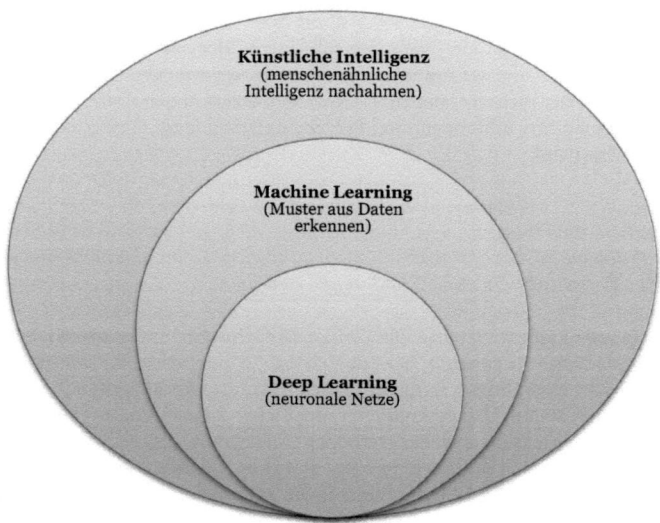

Abbildung 1: Abstufungen von künstlicher Intelligenz [5]

Im Gegensatz dazu beruht das maschinelle Lernen auf dem Einsatz von Algorithmen, die auf Basis großer Datenmengen trainiert werden. Das Modell wird durch den Algorithmus auf diese Weise trainiert, um aus den Daten bestimmte Muster zu identifizieren und Vorhersagen zu treffen. Das Modell kann dann verwendet werden, um Vorhersagen oder Entscheidungen auf neuen, unabhängigen Daten zu treffen.

Beide Ansätze haben ihre Vor- und Nachteile und finden in unterschiedlichen Anwendungsbereichen Verwendung. Bei der Entscheidung für eine der beiden Methoden spielen Faktoren wie die Art der Aufgabe, die Genauigkeit, die Skalierbarkeit sowie die Komplexität der Aufgabe eine Rolle.

---

[5] In Anlehnung an (Heinrich, 2022)

5.1.1 Maschinelles Lernen

Maschinelles Lernen (auch bekannt als Machine Learning) ist ein Teil der Künstlichen Intelligenz, der es Computern ermöglicht, aus Erfahrung zu lernen, ohne explizit programmiert zu werden. Die Idee dahinter ist, dass der Computer Algorithmen anwendet, um aus Daten zu lernen, ohne dass ihm spezifische Regeln gegeben werden. Der Prozess des maschinellen Lernens setzt sich aus drei wesentlichen Komponenten zusammen: Daten, Modell und Algorithmus. Durch den Einsatz des Algorithmus wird das Modell anhand der Daten trainiert, um bestimmte Muster zu identifizieren und darauf basierend Vorhersagen zu treffen. Das Modell kann infolgedessen zur Prognose oder Entscheidungsfindung auf neuen, unabhängigen Daten herangezogen werden.

Dabei wird in zwei wesentliche Arten des Maschinellen Lernens unterteilt: überwachtes und unüberwachtes Lernen. Überwachtes Lernen bedeutet, dass ein Algorithmus aus gekennzeichneten Daten (Cluster) lernt und somit das Ergebnis vorhersagt. Durch diesen Prozess werden sie zu selbstlernenden Maschinen, welcher menschlichen kognitiven Prozessen ähnelt. Unüberwachtes Lernen wird verwendet, wenn der Algorithmus aus Daten lernt, ohne dass diese, wie beim überwachten Lernen, bereits kategorisiert sind und wird häufig für das Ermitteln von Zusammenhängen verwendet.

Maschinelles Lernen wird in vielen Bereichen eingesetzt, wie z.B. bei der Spracherkennung, Bilderkennung, Texterkennung, im Handel, in der Medizin und vielen anderen Bereichen. Es ist ein leistungsstarkes Werkzeug, das dazu beitragen kann, komplexe Probleme zu lösen und Entscheidungen zu automatisieren.

5.1.2 Deep Learning

Eine spezielle Art des Maschinellen Lernens ist das sogenannte Deep Learning. Es ermöglicht Computern und Maschinen komplexe Aufgaben zu erledigen, die normalerweise menschliche Intelligenz erfordern würden. Deep Learning basiert auf einem künstlichen neuronalen Netzwerk, das aus vielen Schichten besteht, die jeweils aus mehreren künstlichen Neuronen bestehen. Jede Schicht nimmt Informationen aus der vorherigen Schicht auf und verarbeitet sie weiter, um schließlich ein Ergebnis zu liefern. Ein wesentliches Merkmal des Deep Learning ist, dass es eine Vielzahl von Daten verwendet, um ein Modell zu trainieren. Indem es viele Beispiele mit dazugehörigen Antworten (etwa Beschriftungen oder Kategorien) analysiert, kann das Modell Muster in den Daten erkennen und diese Muster auf neue Daten anwenden, um Vorhersagen oder Entscheidungen zu treffen.

Deep Learning hat in den letzten Jahren in vielen Anwendungsgebieten wie der Textanalyse, Spracherkennung, Bilderkennung und bei autonomen Fahrzeugen bemerkenswerte Fortschritte erzielt. Dank der hohen Rechenleistung moderner Computer und der Verfügbarkeit großer Datenmengen kann Deep Learning immer komplexere Aufgaben bewältigen und hat das Potenzial, viele Bereiche der Technologie und des täglichen Lebens zu revolutionieren.

5.2 Entwicklung der Künstlichen Intelligenz

Es handelt sich um ein Phänomen, welches sich in den letzten Jahren enorm weiterentwickelt hat und über welches kontrovers diskutiert wird. Die deutsche Bundesregierung setzt sich mit dem Thema auseinander und strebt an, dass durch KI die nächsthöhere Stufe in Hinblick auf Effizienz, Produktivität, Sicherheit und Nachhaltigkeit in Deutschland erreicht wird. Der Stellenwert von KI ist unverkennbar und ist sowohl ein bedeutsamer Schlüssel für Wachstum und Wohlstand eines Wirtschaftsstaates als auch ein wichtiges Merkmal, um im weltweiten Wettbewerb konkurrenzfähig zu bleiben.

Für einen groben Überblick der Künstlichen Intelligenz sind zunächst einige Meilensteine in der Entwicklung zu erwähnen (s. Tab.1). Der letzte und aktuelle Meilenstein ist die Veröffentlichung von GPT-4.

Jahr	Ereignis	Beschreibung
1936	Turing-Maschine	Alan Turing entwickelt Turing-Maschine, die als Vorläufer des Computers gilt.
1940-1950	Entwicklung der ersten Computer	Legt den Grundstein für die weitere Entwicklung der KI.
1950	Erfindung des Perceptrons	Frank Rosenblatt entwickelt das Perceptron, ein mathematisches Modell eines künstlichen neuronalen Netzes.
1950	Turing-Test	Prüfung, ob Maschine menschenähnliches Verhalten zeigt, indem ein Proband per Tastatur und Bildschirm mit Menschen und Computerprogramm kommuniziert. Test war bestanden, wenn Proband nicht unterscheiden kann.
1956	Dartmouth Conference	Die Dartmouth Conference gilt als Geburtsstunde der KI als Forschungsbereich,
1966	"ELIZA"	Joseph Weizenbaum entwickelt "ELIZA", ein Programm, das mit Menschen interagieren kann, bekannt für das Nachahmen eines Psychotherapeuten.
1972	"MYCIN"	"MYCIN" ist ein Expertensystem, das in der Medizin eingesetzt wird und bei der Diagnose und Therapie von Infektionen unterstützt.

1980	"Deep Blue"	IBM's "Deep Blue" besiegt den Schachweltmeister Garry Kasparov und wird als Meilenstein der KI im Spiel angesehen. „Schachcomputer".
2011	IBM Watson	IBM's Watson gewinnt gegen zwei ehemalige Jeopardy! (Quizshow)-Champions und zeigt das Potenzial von KI im Bereich der natürlichen Sprachverarbeitung.
2016	AlphaGo	Google's AlphaGo besiegt den weltbesten Go-Spieler (Strategiespiel) und zeigt, dass KI auch in komplexen Spielen erfolgreich sein kann.
2020	GPT-3	OpenAI's GPT-3-Modell wird veröffentlicht und demonstriert ein neues Niveau der Fähigkeit von KI, menschenähnliche Texte zu generieren.
2023	GPT-4	OpenAI veröffentlicht die neuste Version des GPT-Modells mit multimodaler Fähigkeit.

Tabelle 1: Meilensteine der KI[6]

5.3 Arten von KI und ihre Anwendungsmöglichkeiten

KI-Systeme können in verschiedene Kategorien eingeteilt werden, abhängig von ihrer Art und Fähigkeit, Aufgaben auszuführen. In diesem Zusammenhang gibt es verschiedene Arten von KI, die auf unterschiedliche Weise funktionieren und Anwendungen haben. Im folgenden Teil werden einige der wichtigsten Arten von KI beschrieben und erklärt, wie sie funktionieren und welche Anwendungen sie haben. Eingangs werden die vier Arten thematisiert. Anschließend werden Beispiele der verschiedenen Einsatzgebiete mit ihren Anbietern (s. Tab. 2) für eine erweiterte Darstellung vorgestellt.

---

[6] Vgl. (Holland, 2020)

Abbildung 2: Arten der KI

Zu den vier groben Arten der KI (s. Abb. 2) gehören die reaktive KI, Künstliche Intelligenz mit begrenztem Gedächtnis, mit lernender Fähigkeit und die selbstlernende KI. Bei der reaktiven Künstlichen Intelligenz wird auf bestimmte Eingaben reagiert und trifft daraus Entscheidungen auf der Grundlage von vordefinierten Regeln. Eine reaktive KI kann beispielsweise Schach spielen, indem sie sich an vordefinierten Regeln orientiert, aber sie hat kein Verständnis für den Kontext oder das Ziel des Spiels. Außerdem hat sie keine Erinnerungen oder kann auf vergangene Erfahrungen zurückgreifen bzw. daraus lernen. Zum Beispiel der Schachcomputer Deep Blue (s. Tab. 1). Eine KI mit begrenztem Gedächtnis kann auf vergangene Ereignisse oder Daten zugreifen, um Entscheidungen zu treffen. Sie speichert begrenzt Informationen über frühere Ereignisse und lernt aus vergangenen Situationen, um ihre Entscheidungen auf das aktuelle Geschehen anzuwenden. Ein Beispiel für eine KI mit begrenztem Gedächtnis sind Chatbots oder moderne selbstfahrende Autos. Die Art von KI mit lernender Fähigkeit ist in der Lage, aus Erfahrung zu lernen und sich zu verbessern. Sie kann Daten analysieren und Muster erkennen, um Vorhersagen oder Entscheidungen zu treffen. Außerdem haben sie im Gegensatz zu den zwei anderen erwähnten Arten eine Vorstellung der Außenwelt. Ein Beispiel für eine lernende KI ist ein Empfehlungssystem, das auf Basis der Vergangenheit Entscheidungen trifft und seine Empfehlungen im Laufe der Zeit anpasst. Sie haben ein Verständnis für menschliche Emotionen, Gefühle, Erwartungen oder Absichten. Die selbstlernende und damit fortschrittlichste KI kann sich hingegen selbst verbessern, ohne menschliches Eingreifen und ist dem menschlichen Bewusstsein sehr nah. Außerdem kann sie Daten analysieren, Muster erkennen und sich selbst verbessern, indem sie ihr eigenes Verhalten beobachtet und anpasst. Dadurch können sie Aufgaben deutlicher schneller und besser erledigen als ein Mensch.

Die Einsatzgebiete lassen sich ebenfalls in einige Unterpunkte unterteilen. KI kann verwendet werden, um Sprachen zu erkennen und zu verarbeiten. Zum Beispiel können Sprachassistenten wie Siri, Alexa oder Google Assistant auf Basis von KI-Anwendungen Fragen beantworten, Anfragen bearbeiten oder Geräte steuern. Ein weiterer Punkt ist die Bilderkennung und -verarbeitung. Zum Beispiel kann sie Gesichter in Fotos identifizieren oder Objekte auf einem Bild erkennen. Autonome Systeme mit KI sind beispielsweise in der Lage selbstfahrende Autos oder autonome Drohnen zu entwickeln. KI kann außerdem im Gesundheitswesen eingesetzt werden, um Diagnosen zu stellen, Behandlungen zu planen und medizinische Aufzeichnungen zu analysieren. Im Finanzwesen kann Künstliche Intelligenz eingesetzt werden, um Betrugsfälle zu erkennen, Risikobewertungen durchzuführen oder Investitionsentscheidungen zu treffen. Des Weiteren gibt es Einsätze im Kundenbeziehungsmanagement. Dort kann sie eingesetzt werden, um Kundendaten zu analysieren, Kundenbedürfnisse zu verstehen oder personalisierte Empfehlungen zu geben.

Diese sind nur einige wenige Beispiele dafür, wie KI in verschiedenen Branchen und Anwendungsfällen eingesetzt werden kann. Die folgende Tabelle zeigt weitere wichtige Einsatzbereiche sowie die bekanntesten Anbieter diesbezüglich.

Gruppierung	KI-Anbieter
Cloud-basierte KI-Plattformen	Google Cloud AI, Amazon Web Services AI, Microsoft Azure AI, IBM Watson, Salesforce Einstein
KI-Tools und -Frameworks	Tensorfluss, Microsoft-CNTK, Caffe, Theano, Amazon maschinelles Lernen, Scikit-Lernen, PyTorch
Sprachverarbeitung und NLP	OpenAI, Hugging Face, Dialogflow, Rasa, IBM Watson Natural Language Understanding
Computer Vision und Bildverarbeitung	Clarifai, Deep Vision, Imagga, Microsoft Azure Cognitive Services, Google Cloud Vision
Automatisierte Machine Learning	DataRobot, H2O.ai, RapidMiner, Google AutoML, Amazon SageMaker
Robotik und Autonome Systeme	Boston Dynamics, NVIDIA, Clearpath Robotics, ABB, Blue River Technology
KI-gestützte Analytics und Business Intelligence	Tableau, Qlik, Sisense, ThoughtSpot, Yellowfin
KI für das Internet der Dinge (IoT)	IBM Watson IoT, AWS IoT, Google Cloud IoT, Microsoft Azure IoT, Uptake
KI für Finanzdienstleistungen	Kensho, Ayasdi, Symphony AyasdiAI, Kofax, Feedzai
KI für Gesundheitswesen	IBM Watson Health, DeepMind Health, Arterys, Enlitic, PathAI

KI für Bildung und E-Learning	Carnegie Learning, DreamBox Learning, Knewton, Coursera, Duolingo
KI für Sicherheit und Cybersicherheit	Darktrace, Vectra, JASK, Cylance, Crowdstrike

Tabelle 2: Einsatzbereiche von KI

5.4 Natural Language Processing

Ein Bereich der Künstlichen Intelligenz ist das Natural Language Processing, kurz: NLP. Dabei geht es um das Verständnis der menschlichen Sprache im Zusammenhang mit verschiedenen Aspekten wie der Schreibweise, Verwendung von Satzzeichen, Aussprache, Betonung etc. Es beschreibt die dadurch entstehende Analyse von Texten sowohl beim Schreiben als aus Sprechen, was wichtig für Textgeneratoren ist. Darunter wird erneut in „Natural Language Generation" (NLG) und „Natural Language Understanding" (NLU) unterschieden. Das Erzeugen von Texten, also Textgeneratoren, wird unter dem Begriff Natural Language Generation verstanden. Dazu zählen beispielsweise E-Mail-Filter, welche verschiedene E-Mails automatisch in Kategorien unterteilen bzw. unterscheiden können und somit durch bestimmte Wörter oder Ausdrücke Spam erkennen. Beim NLU geht es um das Verstehen der menschlichen Sprache, das bedeutet die konkrete Analyse der Grammatik wie das Erkennen von Plural und Singular als auch die Stimmung eines Textes. Bekannte Beispiele für NLP sind Chatbots oder Spracherkennungsprodukte wie die bekannten intelligenten Assistenten Siri von Apple oder Amazons Alexa. Im Bereich des Marketings beinhalten viele Anwendungen Vorhersagen oder Klassifizierungen durch Methoden verschiedener NLP-Modelle. [7]

Die menschliche Sprache ist eine äußerst komplexe und facettenreiche Form der Kommunikation, die von zahlreichen sprachlichen, kulturellen und kontextuellen Nuancen geprägt ist. Die Entwicklung von Software zur präzisen und eindeutigen Interpretation von Text- oder Sprachdaten stellt eine große Herausforderung dar. Eine zentrale Schwierigkeit besteht darin, dass Wörter oder Phrasen Homonyme oder Homophone sein können, d.h., sie können gleich klingen oder gleich geschrieben werden, aber unterschiedliche Bedeutungen haben. Ein prominentes Beispiel hierfür ist das Wort "Bank", das sowohl eine Sitzgelegenheit als auch eine Finanzinstitution bezeichnen kann (Wortsinn-Disambiguierung). Während Menschen in der Lage sind, den Kontext zu berücksichtigen und die beabsichtigte Bedeutung zu erkennen, stellt dies für Software eine komplexe Aufgabe dar.

Darüber hinaus beinhaltet die menschliche Sprache eine Vielzahl sprachlicher Stilmittel wie Sarkasmus, Redewendungen und Metaphern, die für eine Software schwierig zu erkennen sind. Diese sprachlichen Nuancen erfordern ein tiefes Verständnis der kulturellen und sozialen Kontexte, um ihre Bedeutung angemessen zu erfassen. Ebenso sind grammatische Ausnahmen und Variationen in der Satzstruktur eine Herausforderung, da sie oft keine eindeutigen Regeln folgen und von Region zu Region oder von Person zu Person variieren können. Die Komplexität der Sprache und ihre facettenreichen Ausdrucksmöglichkeiten machen es für eine KI schwierig, die Sprache vollständig zu beherrschen und korrekt zu analysieren. Dies

---

[7] Vgl. (Shankar, 2022, S. 1326)

liegt daran, dass Sprache nicht nur auf Regeln und Strukturen basiert, sondern auch stark von kulturellen, emotionalen und kontextuellen Aspekten geprägt ist.

Für die Verarbeitung durch Künstliche Intelligenz bedeutet das: komplexe Algorithmen und Modelle. In der Entwicklung von KI-basierten Sprachverarbeitungssystemen müssen Unklarheiten und Unregelmäßigkeiten der menschlichen Sprache berücksichtigt werden. Es erfordert Systeme, die in der Lage sind, den Kontext zu erfassen, Mehrdeutigkeiten zu bewältigen und eine präzise Interpretation der beabsichtigten Bedeutung zu liefern. Die Entwicklung einer Software, die in der Lage ist, diese komplexen Nuancen der menschlichen Sprache zu verstehen, ist daher eine aktive Forschungsdomäne im Bereich des Natural Language Processing. Forscher und Entwickler arbeiten kontinuierlich daran, diese Herausforderungen zu meistern und die Fähigkeiten von KI-Systemen in der Sprachverarbeitung zu verbessern. Dabei werden fortschrittliche Techniken wie Maschinelles Lernen, neuronale Netze und Sprachmodelle eingesetzt, um die Fähigkeiten von NLP-Systemen und Modellen in Bezug auf das Verständnis und die Interpretation natürlicher Sprache stetig zu verbessern. NLP-Anwendungen verwenden häufig Maschinelles Lernen, um aus großen Mengen von Textdaten zu lernen und Muster zu erkennen. Durch das Trainieren von Modellen mit Beispieldaten können sie Texte analysieren, klassifizieren oder übersetzen.

5.4.1 Prozess der Verarbeitung

Bei der Verarbeitung der natürlichen Sprache wird auf grundlegende Schritte in einer NLP-Anwendungen gesetzt. Es gibt viele weitere fortgeschrittene Ansätze und Technologien, die in spezifischen NLP-Anwendungen eingesetzt werden, wie beispielsweise maschinelles Übersetzen, automatische Zusammenfassung von Texten, Chatbots und vieles mehr. Das Feld der NLP-Forschung und -entwicklung ist ständig im Wandel, um die Fähigkeiten von Computersystemen im Umgang mit natürlicher Sprache weiter zu verbessern. Die folgenden Schritte und Techniken stellen nur eine grundlegende Einführung in die Funktionsweise von NLP dar.

➤ Tokenisierung: Gestartet wird in den meisten Fällen mit der Tokenisierung. Dies ist ein Prozess, bei dem der Text in kleinere Einheiten wie Sätze und Wörter aufgeteilt wird. Die Tokenisierung unterstützt komplexe Aufgaben wie maschinelle Übersetzung und Textzusammenfassung, indem der Text in verständliche Teile zerlegt wird. Dies ermöglicht eine detaillierte Analyse des Textinhalts und eine bessere Interpretation.

➤ Lemmatisierung/Stemmatisierung: Die Wörter werden auf ihre Grundform (Lemma) zurückgeführt, um ihre Bedeutung zu erfassen und ähnliche Wörter zusammenzuführen.

➤ Part-of-Speech-Tagging: Die Wörter werden mit Part-of-Speech-Tags versehen, um ihre grammatikalische Kategorie, wie Nomen, Verb, Adjektiv usw. zu kennzeichnen. Dies hilft dabei, die Bedeutung und Struktur eines Satzes zu verstehen.

➤ Parsing: Auch Syntax-Analyse genannt, beschreibt die Anordnung der Wörter in einem Satz. Das Parsing analysiert die Satzstruktur in Bezug auf die Grammatik und erzeugt eine syntaktische Baumstruktur (Parsebaum), die die Abhängigkeiten zwischen den Wörtern darstellt. Jeder Knoten im Baum repräsentiert ein Wort oder eine Phrasenstruktur, während die Kanten die Beziehungen zwischen den Elementen angeben, wie zum Beispiel das Verb-Subjekt-Verhältnis. Dies ermöglicht es, die Beziehungen zwischen den Wörtern zu verstehen und den Satz zu analysieren.

➢ Named Entity Recognition (NER): Ein weiterer Punkt ist die Entitätsanerkennung. Hierbei werden wichtige Informationen wie Namen von Personen, Orten, Organisationen usw. in einem Text identifiziert und kategorisiert. Dies hilft dabei, relevante Informationen zu extrahieren und zu verstehen.

➢ Sentiment-Analyse: Die Stimmung oder Meinung in einem Text wird erkannt und bewertet. Mit der Stimmung oder dem subjektiven Ton eines Textes befasst sich die Sentimentanalyse. Es wird versucht, die Emotionen oder Meinungen, die in einem Text ausgedrückt werden, zu identifizieren und zu analysieren.

➢ Textklassifikation: Der Text wird in vordefinierte Kategorien oder Klassen eingeordnet. Hierbei kann es sich um binäre Klassifikation wie Spam oder Nicht-Spam handeln. Es können aber auch mehrere Klassen definiert werden, um den Text in verschiedene Kategorien wie positiv, neutral oder negativ einzuteilen.

➢ Informationsextraktion: Wichtige Informationen werden aus dem Text extrahiert. Dabei geht es darum, spezifische Entitäten, Beziehungen zwischen Entitäten oder relevante Fakten zu identifizieren und zu extrahieren. Zum Beispiel können Namen von Personen, Orten, Organisationen oder wichtige Daten aus einem Text herausgefiltert werden. Diese extrahierten Informationen können dann für weitere Analysen oder Verarbeitungen verwendet werden.

➢ Textgenerierung: Auf der Grundlage der analysierten Daten kann nun der Text generiert werden. Dies kann z. B. automatische Zusammenfassungen, Chatbot-Antworten oder die Erstellung von kreativen Texten wie Gedichten oder Geschichten umfassen. Sie sind in der Lage natürlichsprachlichen Text zu produzieren, mit einem ähnlichen Stil und Struktur wie die menschliche Sprache.

5.5 Large Language Model

Im Bereich des Maschinellen Lernens gibt es verschiedene Modelle. Ein Beispiel für solche Sprachmodelle im Bereich des NLP, die eine Vielzahl von Aufgaben im Bereich der Verarbeitung natürlicher Sprache übernehmen, sind Large Language Models (LLMs). Das Ziel von LLM ist das Vorhersagen des nächsten Wortes oder Zeichens in einer Zeichenfolge. Sie benötigen eine große Menge an Daten, um trainiert zu werden. Dabei gibt es verschiedene Arten von Large Language Models, bspw. Transformer-Modelle, convolutional neuronale Netze (CNNs) und rekurrente neuronale Netze (RNNs). Um die Eingabetexte zu verarbeiten und zu analysieren, nutzen verschiedene Modelle unterschiedliche Techniken mit jeweiligen Stärken und Schwächen.

Bei Large Language Models wird üblicherweise eine Variante der Transformer-Architektur (s. Tab. 3) eingesetzt. Diese Art von neuronalem Netzwerk wurde speziell entwickelt, um sequenzielle Daten wie Text zu verarbeiten. Die Trainingsprozesse für LLMs umfassen in der Regel große Mengen an Textdaten, die verwendet werden, um das Modell auf eine Vielzahl von Sprachmustern und Kontexten zu trainieren. Dadurch entwickeln LLMs ein tiefes Verständnis für die Sprache und sind in der Lage, Zusammenhänge und Bedeutungen in Texten zu erkennen. Es ist wichtig anzumerken, dass jedes LLM seine eigenen spezifischen Stärken und

Schwächen hat. Einige Modelle sind besser darin, grammatikalisch korrekte Texte zu generieren, während andere Modelle möglicherweise kreativer und weniger einschränkend sind. Die bekanntesten Sprachmodelle sind in folgender Tabelle aufgelistet.

Bezeichnung	Anbieter	Besonderheit
GPT-3	OpenAI	Ein fortschrittlicher Generator, der in der Lage ist, menschenähnliche Texte in verschiedenen Sprachen zu erzeugen. Wird auf großen Mengen von Textdaten vortrainiert. Besonders gut in Übersetzungen und Vervollständigungen von Texten.
BERT	Google	Besonders gut für die Beantwortung von Fragen und die Inferenz natürlicher Sprache. Wird häufig für Suchmaschinen und Chatbots eingesetzt.
T5 (Text-to-Text Transformer)	Google	Sehr gutes Transformer-Modell für das Zusammenfassen sowie maschinelles Übersetzen von Texten und Beantworten von Fragen.
CTRL	Salesforces	Ein Textgenerator, der in der Lage ist, lange Texte mit einer spezifischen Stimmung und Stil zu produzieren.
XLNet	Carnegie Mellon University und Google	Verwendet eine permutationsbasierte Vortrainingsmethode.[8] Besonders gut für das Verständnis von Kontexten und Zusammenhängen geeignet. Verbesserte Version von BERT.
GROVER	Alle Institute für KI	Ist in der Lage Texte zu erzeugen, die andere Textgeneratoren produziert haben, um mögliche Falschinformationen oder Missbrauch zu erkennen.

Tabelle 3: LLM – Transformer Modelle

Die Standardaufgaben der Modelle sind z.B. das Zusammenfassen von Texten, das Beantworten von Fragen, Kategorisieren von Texten, die Stimmungserkennung von Texten oder die interaktive Kommunikation mit Menschen (Chatbots). Praktische Beispiele sind die Generierung von Texten wie Produktbeschreibungen oder Artikel, aber auch die Beantwortung gestellter Fragen (FAQs) und Weiterleitung von Kundenanfragen. Die Sprachmodelle sind ebenfalls in der Lage Kundenfeedback zu analysieren. Außerdem können sie Geschäftsinhalte in verschiedene Sprachen übersetzen oder große Mengen von Textdaten für eine effizientere Verarbeitung und Analyse klassifizieren und kategorisieren. Einige der LLMs können sogar Programmcode schreiben. Die Aufgaben werden im späteren Teil detaillierter erläutert (S.27-31).

---

[8] Permutationsbasierte Vortrainingsmethode: Wörter innerhalb der Sätze werden zufällig umgestellt, wodurch neue Satzvariationen entstehen. Diese neuen Variationen werden dem Modell als Trainingsdaten präsentiert.

Die neuste Anwendung von GPT auf Basis des Deep Learning ist die Version 4. Sie ist bereits in die neue Microsoft-Suchmaschine Bing integriert. Mit GPT-4 sind deutlich längere Textein- gaben möglich, was die Einsatzmöglichkeiten und das Ausgabe-Potenzial stark erweitern. ChatGPT soll nun bis zu 50 Seiten Text über das Eingabefeld verarbeiten können. GPT-4 ver- arbeitet mittlerweile nicht nur menschliche Sprache, sondern versteht bis zu einem gewissen Grad auch Bilder. Dies wird als multimodale Fähigkeit bezeichnet. Sie kann Wissen logisch miteinander verknüpfen und Schlussfolgerungen daraus ziehen, dies stellt einen bedeutenden Fortschritt für die KI-Entwicklung dar. Allerdings steigt mit dieser Fähigkeit auch das Miss- brauchspotenzial, GPT-4 in der Lage ist, realistische und zielgerichtete Inhalte wie Nachrich- tenartikel, Tweets, Dialoge und E-Mails zu generieren. GPT-4 ist ein weiterer Meilenstein in der Skalierung von Deep Learning, der von OpenAI vorangetrieben wird.[9]

---

[9] („GPT-4 Is OpenAI's Most Advanced System, Producing Safer and More Useful Responses", 2023)

6 Veränderungen im Marketing durch die Corona-Pandemie

6.1 Veränderungen im Konsumentenverhalten während der Pandemie

Die COVID-19-Pandemie hat zu erheblichen Veränderungen im Verhalten der Verbraucher geführt, was ebenfalls Auswirkungen auf die Nutzung von Künstlicher Intelligenz hatte. Durch die verschiedenen Maßnahmen, die während der Pandemie herrschten, hat sich ebenfalls das Verhalten der Verbraucher verändert. Es wurde vermehrt online eingekauft. So setzten Unternehmen vermehrt auf E-Commerce und haben erstmals verstärkt KI-Tools eingesetzt, um personalisierte Empfehlungen und Angebote zu erstellen, die das Online-Shopping-Erlebnis verbessern. Ein weiterer Punkt war der verstärkte Fokus auf E-Mail-Marketing. Da viele Unternehmen ihre physischen Verkaufsstellen während der Pandemie schließen mussten, wurde verstärkt auf E-Mail-Marketing als Möglichkeit gesetzt, um möglichst viele Kunden zu erreichen. KI-Tools wurden eingesetzt, um personalisierte E-Mails zu erstellen, die auf das individuelle Verhalten und die Präferenzen der Kunden abgestimmt sind. Außerdem mussten Unternehmen während der Pandemie ihre Kundendienst-Teams reduzieren oder waren nicht mehr in der Lage, physisch Kundendienst zu leisten. Daher wurden Chatbots eingesetzt, um Kundenfragen automatisch zu beantworten und zu unterstützen. Da viele Unternehmen während der Pandemie ihre physischen Werbemaßnahmen reduzierten, wurde in der Werbung verstärkt auf digitale Kampagnen gesetzt. Dabei wurde Künstliche Intelligenz eingesetzt, um die Effektivität dieser Kampagnen zu optimieren und Zielgruppen gezielter zu ermitteln und anzusprechen.

Die COVID-19-Pandemie hat dazu beigetragen, dass sich die Interessen der Kunden geändert haben und Verbraucher auf andere Arten erreicht werden müssen. Unternehmen müssen verstärkt auf KI im Marketing setzen, um sich an die veränderten Verhaltensweisen der Verbraucher anzupassen und digitale Kanäle effektiver zu nutzen.

6.2 Chancen und Herausforderungen für Unternehmen durch Covid-19

Die COVID-19-Pandemie hat unser Verhalten signifikant verändert und auch zu Veränderungen im Bereich des Marketings geführt. Unternehmen haben KI-Tools verstärkt eingesetzt, um viele Dinge einfacher und schneller zu gestalten.
Ein wichtiger Punkt bestand in der erheblichen Zunahme von Daten für Unternehmen im Online-Bereich. Durch das vermehrte Online-Shopping, spielte auch das verwendete Gerät der Kunden eine bedeutsame Rolle. Es war von Interesse, ob Kunden mobil einkauften oder ob das Endgerät möglicherweise durch Lockdowns von mehreren Personen gleichzeitig genutzt und dadurch das Interessenbild verzerrt wurde. Durch den Onlinekauf konnten vermehrt Kundendaten erfasst werden, von sonst eher anonymen Käufern, die im Geschäft einkaufen. Diese zusätzlichen Daten bieten die Möglichkeit, die Kundenkommunikation und Unternehmensstrategie zu verbessern, da besser auf ihre Interessen eingegangen werden kann. Eine wichtige Maßnahme bestand ebenfalls darin, Neukunden anhand ihres Verhaltens vor und nach dem Auftreten der Corona-Epidemie zu segmentieren. Es war wichtig zu untersuchen,

ob diese Kunden wiederkehrten und ob dies während Phasen mit erhöhtem Infektionsgeschehen oder zu Lockerungszeiten geschah. Durch die Segmentierung nach der Corona-Situation musste eine gezieltere Steuerung von Werbemaßnahmen vorgenommen werden. [10]

Die Notwendigkeit einer klaren Strategie für den Einsatz von KI und einer engen Zusammenarbeit zwischen Marketing- und IT-Teams ist dabei äußerst wichtig. Für die Künstliche Intelligenz entstand durch die Pandemie eine Herausforderung, zwischen außergewöhnlichen Umständen, wie die Pandemie, und Normalität zu unterscheiden. Die Schwierigkeit besteht darin, die Flexibilität und Veränderungen der aktuellen Situation in das Wissensmodell der KI einzubeziehen, um es an die Zeit während und nach der Pandemie anzupassen. Dabei ist es von großer Bedeutung, die Daten während dieser Krisenzeit sicher zu verwalten, da die Corona-Zeiten und die damit verbundenen Daten als Ausnahmen betrachtet werden können und nicht den üblichen Mustern und Trends entsprechen. Eine daraus folgende Herausforderung ist die Notwendigkeit, präzise Daten für die KI-Modelle zu sammeln und zu verwalten. Die KI kann auch falsche Entscheidungen treffen, wenn sie nicht korrekt trainiert wird oder auf unzureichende Daten zugreift. Ein weiteres Problem war der abrupte Wechsel zum Home-Office, was die Zusammenarbeit erschwerte und den Zugang zu notwendigen Ressourcen wie Rechenleistung und Datensätze beeinträchtigte. Das hatte ebenfalls Auswirkungen auf die Datenqualität und -verfügbarkeit. Viele Datensätze, die für KI-Anwendungen benötigt werden, wurden aufgrund der Pandemie unzuverlässig oder unvollständig. Beispielsweise könnten Daten über Kundenpräferenzen aufgrund veränderter Bedürfnisse oder Kaufverhalten während der Pandemie nicht mehr gültig sein.[11]

Darüber hinaus hat die Pandemie gezeigt, dass viele KI-Anwendungen auf bestimmte Kontexte beschränkt sind und nicht gut auf unvorhersehbare Ereignisse oder plötzliche Veränderungen reagieren können. Beispielsweise konnte die KI-gesteuerte Nachfrageprognose im Einzelhandel nicht immer schnell genug auf die Veränderungen im Kaufverhalten der Verbraucher während der Pandemie reagieren.

Schließlich hat die Pandemie auch die Bedeutung von ethischen und sozialen Aspekten von KI hervorgehoben. Beispielsweise wurden KI-Systeme eingesetzt, um die Ausbreitung der Pandemie zu verfolgen und einzudämmen, was Bedenken hinsichtlich Datenschutzes und Überwachung aufgeworfen hat. Die Krise hat gezeigt, dass es wichtig ist, dass KI-Systeme transparent, fair und ethisch verantwortungsvoll eingesetzt werden.

---

[10] Vgl. (Postel, 2020)
[11] Vgl. (ebd.)

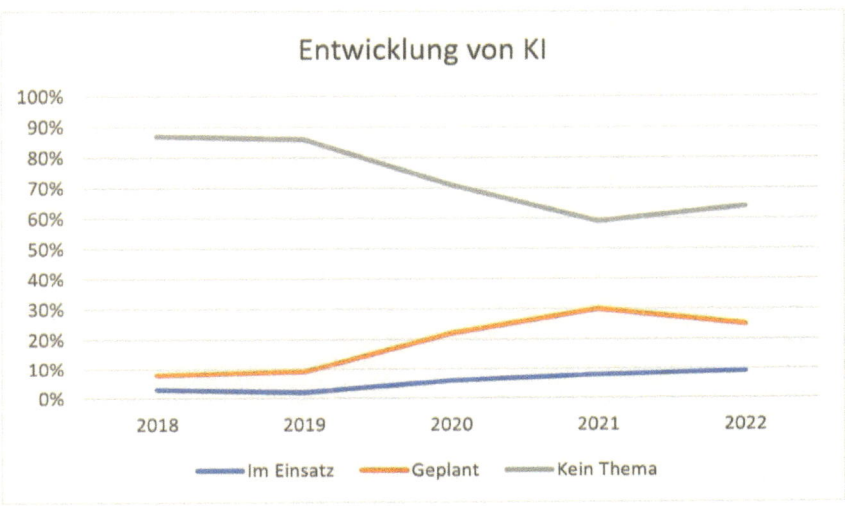

Abbildung 3: Bitkom Research 2022 [12]

Laut einer durchgeführten Studie (s. Abb. 3) im Auftrag des Digitalverbands Bitkom zeigen Unternehmen in Deutschland eine zunehmend positive Einstellung gegenüber dem Einsatz von Künstlicher Intelligenz. Im Vergleich zum Jahr 2021 erkennen sie mehr Vorteile bei der Nutzung dieser Technologie. Dennoch bleibt der Anteil der Unternehmen, die KI tatsächlich einsetzen, nur langsam steigend. Die Studie basiert auf Befragungen von 606 Unternehmen aus verschiedenen Branchen in Deutschland, die mindestens 20 Mitarbeiter beschäftigen. Im Jahr 2018 setzten nur 3% der befragten Unternehmen KI ein, während 8% angaben, den Einsatz zu planen. Der Großteil der Unternehmen (87%) betrachtete KI jedoch nicht als relevantes Thema. In den folgenden Jahren stieg der Anteil der Unternehmen, die KI einsetzen, allmählich an. Im Jahr 2022 nutzen 9% der Unternehmen KI aktiv. Gleichzeitig ist auch ein Anstieg bei den Unternehmen zu verzeichnen, die den Einsatz von KI planen. Im Jahr 2022 gaben 25% der Unternehmen an, den Einsatz von KI zu diskutieren oder zu planen. Der Anteil der Unternehmen, für die KI kein Thema ist, fiel im Laufe der Jahre von 2018 bis 2022 von 87% auf 64%. Dies könnte darauf hinweisen, dass ein größerer Anteil der Unternehmen erkennt, dass KI in der heutigen Geschäftswelt relevant ist.

Insgesamt zeigt die Grafik, dass zwar eine langsame Zunahme beim Einsatz von KI in Unternehmen zu verzeichnen ist, aber immer noch ein beträchtlicher Teil der Unternehmen keine Pläne für den Einsatz hat oder KI nicht als relevantes Thema betrachtet. Trotz positiver Einschätzung, setzen nur 9 Prozent (2022) der Unternehmen KI tatsächlich ein. Im Vergleich zum Vorjahr ist dies lediglich ein geringfügiger Anstieg von 8 Prozent. Zudem planen oder diskutieren nur noch 25 Prozent der Unternehmen den Einsatz von KI, verglichen mit 30 Prozent im Vorjahr und nur 22 Prozent vor zwei Jahren. Der Anteil der Unternehmen, für die KI keine relevante Rolle spielt, ist von 59 auf 64 Prozent gestiegen.[13]

---

[12] In Anlehnung an (Brandt, 2023)
[13] Vgl. (Brandt, 2023)

Viele Unternehmen haben aufgrund der wirtschaftlichen Auswirkungen der Pandemie ihr Budget für KI-Projekte gekürzt oder verschoben. Angesichts steigender Energiekosten, hoher Inflationsraten und unterbrochener Lieferketten infolge der Corona-Pandemie und des Kriegs in der Ukraine befinden sich viele Unternehmen in einem Krisenmodus. Dies führt dazu, dass wenig Raum für die Entwicklung neuer Technologien und zukünftiger Geschäftsmodelle bleibt. Achim Berg, Bitkom-Präsident, betont die Notwendigkeit, den Zugang zu KI-relevanten Daten zu ermöglichen und nicht durch zusätzliche Barrieren zu erschweren, um die Innovationskraft und Wettbewerbsfähigkeit Deutschlands zu stärken. Dies ist von entscheidender Bedeutung, um den Einsatz von KI voranzutreiben und die damit verbundenen Möglichkeiten voll auszuschöpfen.[14]

Aktuelle wirtschaftliche Ereignisse erschweren den Einsatz von KI. Allerdings ergeben sich neue Chancen durch das veränderte Verbraucherverhalten während der Pandemie. Unternehmen können durch KI personalisierte Angebote und Werbung erstellen, um ihre Kunden besser zu erreichen und ihr digitales Marketing zu optimieren. Um die Vorteile von KI im Marketing zu nutzen und die Herausforderungen zu meistern, müssen Unternehmen jedoch eine klare Strategie entwickeln und sicherstellen, dass ihre Daten korrekt und präzise sind.

---

[14] Vgl. (ebd.)

7 KI im Marketing

7.1 Definition Marketing

Marketing ist ein unternehmerischer Ansatz, der darauf abzielt, Produkte oder Dienstleistungen durch verschiedene Analysen der Bedürfnisse und Wünsche von (potenziellen) Kunden erfolgreich auf dem Markt zu positionieren. Durch die wettbewerbsfähigen Märkte sind die Bedürfnisse der Nachfrager von zentraler Bedeutung für den Erfolg eines Unternehmens. Aus diesem Grund stellt das Marketing eine wichtige unternehmerische Einstellung dar. Es ist eine unternehmerische Aufgabe, die es erfordert, die Marktveränderungen und Bedürfnisverschiebungen rechtzeitig zu erkennen, um Wettbewerbsvorteile aufzubauen. Nur so können Unternehmen erfolgreich sein und auf Dauer am Markt bestehen.[15]

Im Marketing gibt es verschiedene Methoden und Bereiche, die zusammen für das gewünschte Ziel sorgen. Instrumente, die dafür eingesetzt werden, sind z.B. Marktforschung, Zielgruppenanalyse, Produktentwicklung, Preispolitik, Kommunikation und Vertrieb. Dabei geht es um die Erschaffung einer optimalen Marketingstrategie durch ihre zusammengesetzten Bausteine. Dies kann durch eine interne Marketing-Abteilung des Unternehmens oder durch Experten einer Marketingagentur erfolgen.

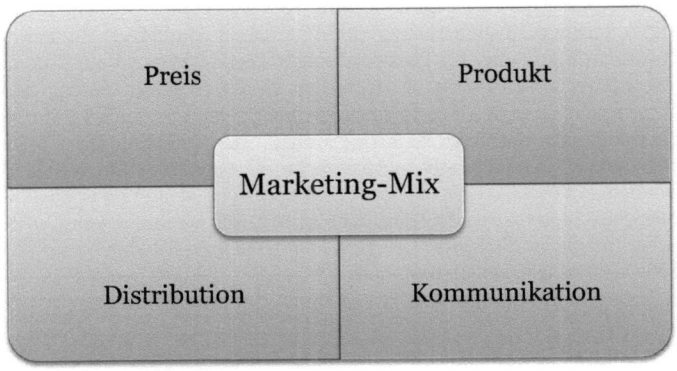

Abbildung 4: Marketing-Mix

Zum Marketing gehören, wie bereits erwähnt, verschiedene Aktivitäten eines Unternehmens. Dabei wird in vier Instrumente (s. Abb. 4) des sogenannten „Marketing-Mix" unterschieden, die sogenannten „vier P" (engl.: Product, Price, Place, Promotion). Zur Produktpolitik zählt die Entscheidung über das Produkt in Bezug auf das Design, Produktverpackung, die Qualität oder der Name. Bei der Preispolitik ist die Entstehung der Preisgestaltung, aber auch Maßnahmen wie Rabatte oder Zahlungsbedingungen von Bedeutung. Auf welchem Vertriebsweg, wo und wann das Produkt zu den Kunden gelangen soll, wird in der Distributionspolitik festgelegt. Außerdem wird entschieden, ob das Produkt direkt über das Unternehmen oder z.B.

---

[15] Vgl. (Kirchgeorg, 2018)

Großhändler verkauft wird. Der letzte Teil des Marketing-Mix beschreibt die Kommunikationspolitik. Hierbei geht es um die Verbindung zwischen Unternehmen mit ihrem Produkt und dem Kunden. Dies kann durch unterschiedliche Kommunikationswege geschehen. Ziel ist dabei die Befriedigung der Kunden in Bezug auf ihre Bedürfnisse und das Erreichen der Marketingziele durch aufeinander abgestimmte Aktivitäten.

7.2 Digitalisierung im Marketing

Die Digitalisierung hat das Marketing revolutioniert und neue Möglichkeiten für Unternehmen eröffnet, um mit Kunden in Kontakt zu treten und ihre Produkte oder Dienstleistungen zu bewerben. Die Verbreitung des Internets, die zunehmende Nutzung von Smartphones und die wachsende Bedeutung von Social Media haben dazu geführt, dass Unternehmen ihre Marketingstrategien neu ausrichten müssen, um wettbewerbsfähig zu bleiben. Traditionelle Marketingkanäle wie Printwerbung oder Fernsehwerbung haben an Bedeutung verloren, während Online-Werbung, E-Mail-Marketing und Social Media-Marketing immer wichtiger werden.

Online-Marketing

Das sogenannte „Onlinemarketing" erbrachte die Möglichkeit, gezielt Werbung für spezifische Zielgruppen zu schalten und deren Reaktionen zu messen und zu analysieren. Das Ganze hat das Marketing effektiver gemacht und die Kundenansprache verbessert. Das digitale Marketing hat eine breite Palette an Methoden und Begriffen hervorgebracht, die im Onlinemarketing zum Einsatz kommen. Dazu gehören beispielsweise Marketing-Kampagnen, Suchmaschinenoptimierung (SEO), Suchmaschinenmarketing (SEM), Content Marketing, Influencer Marketing, datengetriebenes Marketing, Big-Data-Analyse, Marketing Automation, E-Commerce Marketing, Newsletter, Displaywerbung, E-Bücher, App-Marketing, Gaming und Gamification (spielerische Elemente in Marketingstrategie integriert), aber auch CRM und ERP-Systeme und das erwähnte Social Media Marketing sowie E-Mail-Marketing. Diese Technologien und Ansätze ermöglichen es Marketingfachleuten, auf effektive Weise Kunden anzusprechen und zu gewinnen. Ein wichtiger Aspekt der Digitalisierung im Marketing ist die Personalisierung von Marketing-Botschaften. Unternehmen können heute mithilfe von Datenanalyse und Künstlicher Intelligenz die Bedürfnisse und Interessen ihrer Kunden besser verstehen und individuelle Marketingbotschaften erstellen, die auf diese Bedürfnisse zugeschnitten sind.

Inbound Marketing

Ein wichtiger Trend ist das sogenannte „Inbound Marketing" geworden, bei dem Kunden durch hochwertigen Content und relevante Informationen angelockt werden. Im Gegensatz zum Outbound Marketing, werden sie nicht mit aufdringlichen Werbebotschaften belästigt. Beispiele für das Inbound Marketing sind Social Media, SEO oder Content wie Blogs. Dieser Ansatz hat sich als besonders effektiv erwiesen, da er das Vertrauen und die Loyalität der Kunden fördert.

Die Digitalisierung hat das Marketing mobiler, agiler und datenorientierter gemacht. Unternehmen können schneller auf Veränderungen reagieren und ihre Strategien basierend auf Daten und Analysen optimieren. Die Digitalisierung bietet im Marketingunternehmen die Möglichkeit, ihr Publikum besser zu verstehen, relevantere Marketingbotschaften zu erstellen und effektivere Marketingstrategien zu entwickeln.

7.3 Möglichkeiten von KI im Marketing

Im allgemeinen Bereich des Marketings gibt es viele Möglichkeiten, KI zu nutzen, um bessere Entscheidungen zu treffen und eine bessere Personalisierung zu erreichen. Es ist wichtig sicherzustellen, dass die Verwendung von KI im Marketing ethisch vertretbar ist und die Privatsphäre der Kunden respektiert und geschützt wird. In den nächsten Punkten werden einige allgemeine Möglichkeiten mit ihren positiven Aspekten und anschließend der Mittelpunkt „Textgeneratoren" vorgestellt.

7.3.1 Content-Creation

Das Content Marketing hat sich in den letzten Jahren zu einem wichtigen Bestandteil des Marketings entwickelt und stellt Unternehmen vor neue Herausforderungen. Eine effektive Content-Strategie erfordert ein hohes Maß an Flexibilität und Agilität, um Kunden an allen relevanten Touchpoints rund um die Uhr mit relevanten Informationen versorgen zu können. Diese Anforderungen steigern den Aufwand und somit auch die Kosten im Content Marketing erheblich. Infolgedessen erscheint der Einsatz von Künstlicher Intelligenz als logische Konsequenz, um effiziente und kosteneffektive Content-Erstellung zu ermöglichen. Insbesondere bei der Internationalisierung von Inhalten können KI-Tools einen wertvollen Beitrag leisten, indem sie bei der Übersetzung von Texten unterstützt und somit Zeit und Ressourcen spart.

7.3.2 Chatbots - KI-gestützter Customer-Service

KI kann helfen, den Kundenservice zu verbessern. Durch die Verwendung von Chatbots und anderen KI-Systemen können Unternehmen den Kundenservice verbessern, indem sie schneller und effizienter auf Kundenanfragen reagieren. Chatbots können unterstützen, ohne dass menschliche Kundenservicemitarbeiter involviert werden müssen. Sie können so programmiert werden, dass sie auf die individuellen Bedürfnisse jedes Kunden eingehen und schnell und präzise reagieren. Das erspart den Unternehmen ebenfalls Zeit und Ressourcen.

7.3.3 Qualitätsoptimierung

Unternehmen können die Qualität ihrer Marketingaktivitäten erheblich optimieren. KI-basierte Tools und Algorithmen bieten eine Vielzahl von Möglichkeiten, um Marketingaktivitäten zu verbessern und effektiver zu gestalten. Einer der Hauptvorteile ist die Möglichkeit, große Datenmengen schnell und präzise zu analysieren. KI-Tools können Daten aus verschiedenen Quellen sammeln und analysieren, um Muster und Trends zu erkennen und daraus Erkenntnisse zu gewinnen, die für das Marketing relevant sind. Auf dieser Grundlage können Unternehmen bessere Entscheidungen treffen und ihre Marketingstrategien gezielter ausrichten. Ein weiterer Aspekt ist die Personalisierung von Marketinginhalten und -botschaften. KI-Tools können auf der Grundlage von Nutzerdaten personalisierte Marketingbotschaften erstellen, die auf die Bedürfnisse und Vorlieben des einzelnen Kunden zugeschnitten sind. Dadurch können Unternehmen die Kundenbindung verbessern und die Conversion-Rate erhöhen. Außerdem können Unternehmen schnell und effizient qualitativ hochwertigen Content produzieren, der auf die Bedürfnisse ihrer Zielgruppen zugeschnitten ist.
Zusammenfassend lässt sich sagen, dass der Einsatz von KI zu einer erheblichen Optimierung der Marketingqualität führen kann. Durch die Analyse großer Datenmengen, die Personalisierung von Marketingbotschaften und die Erstellung von hochwertigem Content können Unternehmen ihre Marketingstrategien effektiver gestalten und ihre Kunden besser erreichen.

7.3.4 Zielgruppenanalyse / Kundenakquisition

KI kann ebenfalls dabei helfen, die Zielgruppe besser zu verstehen: Durch die Analyse von Daten aus verschiedenen Quellen, wie z.B. sozialen Medien und E-Commerce-Websites, kann KI helfen, ein detailliertes Bild der Zielgruppe zu zeichnen und Einblicke in deren Verhalten und Vorlieben zu gewinnen. Außerdem kann sie dazu beitragen, personalisierte Inhalte und Angebote daraus zu erstellen. Durch die Analyse von Daten über das Verhalten der Kunden kann die KI personalisierte Werbung/Inhalte und Angebote erstellen, die auf die individuellen Interessen und Vorlieben der Kunden zugeschnitten sind. Durch die Verwendung können Marketing-Teams ihre Werbekampagnen optimieren, indem sie beispielsweise die Zielgruppe genauer definieren, die besten Kanäle für die Werbung auswählen, die Werbebotschaft optimieren und somit gezielter neue Kunden ansprechen.

7.3.5 Effizienzsteigerung

Die Integration von Künstlicher Intelligenz in bestimmte Geschäftsprozesse kann die Effizienz erheblich verbessern. Durch den Einsatz von KI-basierten Systemen können Unternehmen in der Lage sein, komplexe Prozesse zu automatisieren und damit die Durchlaufzeiten zu verkürzen. Sie können auch genutzt werden, um Datenanalysen durchzuführen und Muster in großen Datenmengen zu erkennen. KI-Systeme können große Datenmengen analysieren und Trends erkennen, die von menschlichen Analysten möglicherweise übersehen werden würden. Dadurch können Unternehmen schnellere und begründetere Entscheidungen treffen.[16]

Eine Möglichkeit besteht darin, Marketingkampagnen gezielter und effektiver auszurichten. KI-Tools können Daten über das Verhalten und die Präferenzen von Kunden analysieren und so präzisere Vorhersagen darüber treffen, welche Angebote und Werbebotschaften für welche Zielgruppen am relevantesten sind. Dadurch können Marketingbudgets effizienter eingesetzt werden, indem gezieltere Kampagnen erstellt werden, die höhere Conversion-Raten erzielen. Ein weiterer Effizienzgewinn kann durch den Einsatz von Chatbots im Kundenservice erzielt werden, wie im vorherigen Punkt erklärt. Darüber hinaus können KI-Tools auch zur automatisierten Erstellung von Inhalten, wie z.B. Produktbeschreibungen oder Blog-Posts, eingesetzt werden. Durch die Automatisierung dieser Prozesse können Ressourcen und Zeit gespart werden, die für andere Aufgaben verwendet werden können.

7.3.6 Kundenzufriedenheit

Durch die erwähnten Möglichkeiten ist insgesamt eine deutlich höhere Kundenzufriedenheit möglich. Beispielsweise können durch die erwähnten Chatbots Fragen von Kunden rund um die Uhr beantwortet und Probleme gelöst werden. Darüber hinaus kann KI den Unternehmen helfen, Kundenfeedback in Echtzeit zu verfolgen und auf Kundenbeschwerden schnell und effektiv zu reagieren, was positiv auf Kunden wirkt. Durch die Verwendung von KI-basierten Analysewerkzeugen können Unternehmen auch wichtige Daten in den Rückmeldungen ihrer Kunden identifizieren, um Verbesserungen in ihren Produkten und Dienstleistungen zu implementieren. KI bietet eine hervorragende Möglichkeit, die Kundenzufriedenheit zu verbessern, indem personalisierte und schnelle Lösungen für Kundenbedürfnisse bereitgestellt werden. Die Integration von KI-Tools in die Geschäftsprozesse kann durch erhöhte Kundenzufriedenheit ebenfalls die Wettbewerbsfähigkeit steigern.

---

[16] Vgl. (Volkmar, Gioia V., Sven Reinecke und Peter Fischer, 2021, S. 367-368)

26

7.4 KI-Textgeneratoren

Ein KI-Textgenerator ist ein Computerprogramm, das mithilfe von Künstlicher Intelligenz automatisch Texte generieren kann. Dabei werden Algorithmen und Modelle verwendet, die es dem Generator ermöglichen, aufgrund von Mustern und Regeln aus einer Vielzahl von Datenquellen wie z.B. Textkorpora oder dem Internet selbstständig Texte zu erstellen. Textgeneratoren basieren auf dem Deep Learning und können somit aus ihrer „Erfahrung" lernen. Sie eignen sich für verschiedene Marketinginhalte. KI-Text-Generatoren werden in verschiedenen Anwendungsbereichen eingesetzt, wie z.B. im Journalismus, bei der Erstellung von Produktbeschreibungen, in der Werbung oder im Kundenservice. Sie können Unternehmen und Organisationen im Marketing dabei helfen, schneller Texte zu erstellen, um so wertvolle Ergebnisse zu erzielen.

Es gibt verschiedene Arten von KI-Text-Generatoren. Sie basieren auf den Transformer-Modellen und sind damit Teil des thematisierten Natural Language Processing. Einige dieser Systeme verwenden die erklärte GPT-Modelle (Generative Pre-trained Transformer) wie z.B. GPT-2 oder GPT-3, die speziell für die Textgenerierung entwickelt wurden. Die meisten Textgeneratoren basieren auf der Grundtechnologie GPT von OpenAI. In folgender Tabelle (s. Tab. 4) sind einige der aktuellen Anbieter mit ihren Eigenschaften beschrieben. Jeder von ihnen weist unterschiedliche Eigenschaften sowie Kosten auf.

KI-Textgenerator	Eigenschaften	Besonderheiten
ChatGPT	Texte schreiben, analysieren, zusammenfassen, übersetzen (menschenähnlich). Gedichte, Nachrichten, E-Mails schreiben.	Bekanntester Textgenerator zurzeit.
Jasper	Längere Blogartikel, Einleitungen, Produktbeschreibungen, Meta-Beschreibungen, Überschriften, Texte für Facebook oder Google Ads zusammenfassen, verbessern oder umschreiben.	Einer der bekanntesten und ältesten Text-Generatoren auf dem Markt.
Neuroflash	Lange Texte schreiben und formatieren.	Beherrscht die deutsche Sprache nativ mit passenden Templates.
Writesonic	Beste Alternative zu Jasper bei kleinem Budget.	Kann aktuelle Google-Daten abrufen.
Frase	SEO-Tools und SEO-Texte schreiben.	Tools für Keyword-Recherche, geniale SEO-Funktionen.

ClosersCopy	Texte schreiben und formatieren.	Sehr gutes Preis-Leistungs-Verhältnis.
Rytr	Produktbeschreibungen, kurze Blogtexte, Artikelgliederungen	Einbindung in WordPress und Shopify möglich
Copy.ai	Englischsprachige Blogartikel, Produktbeschreibungen, Bildunterschriften	Große Template-Datenbank
WordHero	Viele Möglichkeiten der Textüberarbeitung.	Gutes Preis-Leistungs-Verhältnis.

Tabelle 4: Textgeneratoren Beispiele

7.4.1 OpenAI

OpenAI ist eines der aktuell führenden Unternehmen für Künstliche Intelligenz, das 2015 von Elon Musk, Sam Altman und anderen gegründet wurde. Es ist eine private KI-Forschungsorganisation, die sich zum Ziel gesetzt hat, die Entwicklung der Künstlichen Intelligenz für die Menschheit sicher und vorteilhaft zu gestalten. Eine der bekanntesten Kreationen von OpenAI ist ChatGPT, ein KI-basiertes Chat-System, das in der Lage ist, menschenähnliche Konversationen zu führen.

Das Ziel von OpenAI ist es, sicherzustellen, dass Künstliche Intelligenz sicher und nutzbringend für die Menschheit ist. OpenAI arbeitet daran, revolutionäre KI-Technologien zu entwickeln und gleichzeitig sicherzustellen, dass diese Technologien moralisch und verantwortungsbewusst eingesetzt werden. Sie investieren stark in die Forschung und Entwicklung von KI-Systemen. Das Unternehmen hat einige der weltweit führenden Experten auf dem Gebiet der künstlichen Intelligenz beschäftigt und arbeitet eng mit akademischen Einrichtungen und Unternehmen zusammen, um die neuesten Technologien zu entwickeln. Beispiele der Produkte und Dienstleistungen sind GPT, eine der fortschrittlichsten KI-Textgeneratoren der Welt, sowie Codex, ein Programm, das Entwicklern dabei hilft, Code schneller zu schreiben. Außerdem sind sie bestrebt, ihre Forschungsergebnisse und Technologien der Öffentlichkeit zugänglich zu machen, um die Entwicklung von KI zu fördern.

OpenAI hat Partnerschaften mit einigen der größten Technologieunternehmen der Welt, darunter Microsoft, IBM und Amazon. Diese Partnerschaften helfen dabei, ihre Technologien zu verbessern und gleichzeitig die Entwicklung von KI auf globaler Ebene zu fördern. Seit der Einführung von ChatGPT hat sich der Wert von OpenAI auf mindestens 25 Milliarden Dollar erhöht. Dies unterstreichen der zunehmende Wert und die Relevanz der Forschung auf dem Gebiet der künstlichen Intelligenz.

8 Best Practices und die Integration von Textgeneratoren

8.1   KI-Tools

Der Begriff Textgenerator wurde nun häufig erwähnt, aber was kann diese Art von KI im Detail? Mittlerweile werden diese Generatoren in verschiedenen Bereichen des Alltags, aber auch in unterschiedlichsten Unternehmen eingesetzt. Zu den groben Tools gehören die allgemeine Textgenerierung, Rechtschreib- und Grammatikprüfung, Übersetzungsfähigkeit, Keyword-Recherche oder das Nutzen als Inspirationsquelle. Alle Tools können im Marketing sinnvoll für Teilbereiche eingesetzt werden. Die Anwendungsmöglichkeiten von KI-basierten Textgeneratoren sind insgesamt vielfältig, dabei ist jedoch kritisch zu beachten, dass die generierten Texte sorgfältig überprüft und angepasst werden, um sicherzustellen, dass sie den individuellen Anforderungen und Qualitätsstandards entsprechen. Welche Möglichkeiten die Tools bieten, wird in folgenden Punkten vorgestellt.

8.1.1   Textgenerierung

Zum einen sind sie in der Lage einfachste Texte zu generieren. Beim Schreiben von hochwertigen Texten im deutschsprachigen Raum ist eine hohe Schreibqualität durch moderne Intelligenz oder auch die Unterscheidung zwischen der Sie-Form und der Du-Form wichtig. KI-Tools sind in der Lage Texte zu kürzen, zusammenzufassen oder auch umzuschreiben. Zusammenfassungen können dabei in verschiedenen Arten funktionieren. Für schnelle Überblicke zu einem Thema "zieht" sich der Generator Inhalte und fasst sie zu einem kurzen Absatz zusammen. Dadurch können ebenfalls passende Überschriften für eine Art von Text erfasst bzw. generiert werden. Aus großen Datenmengen können die Tools eine Art "Executive Summary" zusammenstellen lassen und die, sonst zeitaufwändige Arbeit, verkürzen. Außerdem können durch die Tools bestehende Texte übersetzt werden. Die Übersetzungen sind mittlerweile absolut prädestiniert, ChatGPT kann bspw. einen Text live in mehrere Sprachen übersetzen oder nicht englischsprachigen Wissenschaftlern dabei helfen, ihre Fachartikel zu formulieren. Das Niveau dabei ist recht hoch. Ein Text kann durch Anweisungen und Wünsche länger formuliert oder wissenschaftlicher geschrieben werden. Daraus können natürliche und ansprechende Inhalte formuliert werden.

8.1.2   Lösungsansätze und Kreativität

Ein weiteres Werkzeug ist die kreative Nutzung zur Ideenfindung. Generatoren können als Inspirationsquelle genutzt werden, um erste Ideen und thematische Überblicke zu generieren, indem man Fragen zu den Vorteilen eines bestimmten Themas stellt und anschließend eigene Recherchen durchführt. Dies ermöglicht eine effektive Unterstützung bei der Ideenentwicklung. Die Anwendung von Textgeneratoren ermöglicht eine kreative Herangehensweise beim Weiterentwickeln von Ideen. Wenn ein Schreibprozess ins Stocken gerät, kann das Tool "weitermachen" genutzt werden und lässt neue Impulse entstehen. Diese Herangehensweise kann dazu beitragen, Schreib- und Denkblockaden zu überwinden und neue Lösungsansätze zu finden. Die Nutzung ermöglicht, neue Perspektiven einzunehmen und innovative Ideen zu generieren. Besonders im Marketingbereich kann das eine wertvolle Rolle spielen.

KI-Generatoren können dabei helfen, vorformulierte Marketingtexte zu erstellen, sowie Textabschnitte und Bausteine für Social-Media-Plattformen, Newsletter oder Produktbeschreibungen zu generieren oder sogar ganze Videoskripte zu erstellen. Sie sind in der Lage, Ideen für neue Artikel oder Social-Media-Posts zu liefern und sogar Einleitungen für Blogartikel zu verfassen und den ersten Entwurf dafür zu erstellen. Dadurch können Schreibprozesse beschleunigt und Content-Erstellung vereinfacht werden. Durch die Nutzung von Textgeneratoren können Unternehmen sparen, indem sie wiederkehrende Textinhalte automatisieren und somit die Effizienz steigern. Des Weiteren können Textgeneratoren auch bei der Erstellung von Projektaufgaben unterstützen, beispielsweise durch die Erstellung von Briefings. Sie können Texte für verschiedene Werbemittel generieren und bei der Planung und Strukturierung von Landingpages helfen.

Eine weitere Möglichkeit in der Textgenerierung ist die Schaffung von unterhaltsamen Anwendungen. Dazu zählen Spiele, lustige Anwendungen und Wortspiel-Generatoren, um nur einige Beispiele zu nennen. Durch den Einsatz des Tools können kreative Unterhaltungslösungen entwickelt werden, die auf Text basieren. Diese Anwendungen können eine breite Palette an unterhaltsamen Aktivitäten bieten und Menschen auf spielerische Weise ansprechen. Die Nutzung von Textgeneratoren eröffnet somit neue Wege, um das Potenzial von Text als Unterhaltungsmedium voll auszuschöpfen und innovative Unterhaltungserlebnisse zu schaffen.

8.1.3 FAQs

Eine der häufigsten Anwendungen ist die Erstellung von kurzen Antworten auf Fragen, beispielsweise in FAQs. Durch die Nutzung von Textgeneratoren können Unternehmen schnell und effizient auf häufig gestellte Fragen reagieren und ihren Kunden einen schnellen Service bieten. Ein weiterer Einsatzbereich besteht in der Erstellung der FAQs selbst. Tools können dabei helfen, umfangreiche FAQs zu erstellen und alle relevanten Informationen in klaren und präzisen Antworten zu liefern. Für den automatisierten Kundenkontakt per E-Mail oder in Form von Chatbots, bieten sich Textgeneratoren ebenfalls an. Da die Tools eine nahezu menschliche Interaktion ermöglichen, können sie dazu beitragen, den Service-Personalbedarf zu reduzieren und gleichzeitig einen reibungslosen und effizienten Kundenservice zu gewährleisten.

8.1.4 Zusätzliche Features

Zusätzlich zu den grundlegenden Funktionen können auch erweiterte Features von Textgeneratoren von Vorteil sein. Jeder Textgenerator verfügt über andere Features oder Templates. Dazu zählen beispielsweise ein Plagiats-Prüfer, der die Originalität des generierten Textes überprüft oder die erwähnten SEO-Funktionen, die dabei helfen, den Text für Suchmaschinen zu optimieren. Diese Zusatzfunktionen können den Funktionsumfang des Textgenerators erweitern und den Nutzern zusätzliche Möglichkeiten bieten, um ihre Arbeitsprozesse zu optimieren und ihre Ziele zu erreichen. Eine praktische Funktion von Textgeneratoren besteht darin, dass sie über eine Browser-Erweiterung verfügen, wodurch sie in verschiedenen Anwendungen wie WordPress oder Google Docs genutzt werden können. Dies ermöglicht eine flexible und einfache Verwendung der Tools an verschiedenen Arbeitsorten. Um längere Texte mit mehr als 1000 Wörtern erstellen zu können, beispielsweise für Blogposts oder ausführliche Artikel, kann auch ein Long-Form Template nützlich sein. Diese Templates bieten eine strukturierte Grundlage, um den Schreibprozess zu unterstützen und eine umfassende inhaltliche Ausarbeitung zu ermöglichen. Ein wichtiger Teil des Marketings ist das Erstellen von SEO-Texten. Dabei geht es um das Optimieren der Marketingtexte, welche in hoher Textqualität benötigt werden. SEO-Tools schaffen es, Texte mit nur wenig Aufwand und den wichtigsten Schlüsselwörtern zu verbessern. Darunter können auch Marketingmaßnahmen wie das Schalten von Facebook oder Google Ads fallen. Hierfür werden ebenfalls konkretisierte Texte benötigt. Es ist zu beachten, dass bei der Verwendung von Zusatzfunktionen die Datenschutz- und Sicherheitsaspekte sorgfältig berücksichtigt werden.

8.1.5 Plugins

Ein weiterer Punkt und eines der neusten Features sind Plugins. Sie sind auch in der KI-Welt bekannt und dienen dazu, das Funktionsrepertoire des KI-Tools zu erweitern und die Zusammenarbeit mit anderen Internet-Diensten zu ermöglichen. Die Nutzung von Plugins eröffnet neue Möglichkeiten, auf externe Datenquellen zuzugreifen, aktuelle Informationen abzurufen und mit anderen Internet-Diensten zusammenzuarbeiten. Durch die Integration von Plugins können die Leistungsfähigkeit und Funktionalität erweitert werden, um den Anforderungen und Bedürfnissen der Benutzer gerecht zu werden.

8.1.6 Beispiel - ChatGPT

Ein aktuelles Beispiel eines Textgenrators ist ChatGPT von OpenAI, die aktuell wohl bekannteste KI. Das beweist auch der Twitter Post von Greg Brockman, *"ChatGPT just crossed 1 million users; it's been 5 days since launch."*[17]

Die KI mit vielen verschiedenen Anwendungen und Fähigkeiten basiert auf dem Deep Learning und dem GPT-Modell, kurz für "Generative Pre-trained Transformer", welches bis 2021 trainiert wurde. Dieses Modell ist darauf ausgelegt, auf dialogische Weise zu interagieren und Anweisungen in Eingabeaufforderungen zu folgen, um detaillierte Antworten zu geben. ChatGPT ist in der Lage, Folgefragen zu beantworten, Fehler zuzugeben, falsche Prämissen in Frage zu stellen und unangemessene Anfragen abzuweisen. Die Antworten stammen dabei aus verschiedenen Quellen des Internets, bspw. Nachrichtenartikel, Bücher, Online-Foren, soziale Medien und anderen. Eine Bezahlvariante namens ChatGPT Plus ist momentan für 20$ pro Monat verfügbar. Es verfolgt das Ziel, menschliche Konversationen möglichst realistisch zu simulieren, indem es generative Modelle einsetzt. Diese Modelle wurden auf großen Datenmengen trainiert und sind in der Lage, auf eingegebene Informationen zu reagieren und auf dieser Grundlage neue Inhalte zu generieren.

Eine der Hauptfähigkeiten von ChatGPT ist die erwähnte Generierung von Texten. Das bedeutet, dass es in der Lage ist, automatisch Artikel, Berichte oder Geschichten zu schreiben. Eine weitere Fähigkeit ist die Sprachübersetzung. ChatGPT kann Texte von einer Sprache in eine andere übersetzen. Außerdem kann es für die eigene Content Creation genutzt werden oder bei der Erstellung von einem Produkt-Pitch oder Unternehmensgründung helfen. Eine weitere Anwendung von ChatGPT ist die Beantwortung von Fragen. Da ChatGPT auf eine große Menge an Wissen zugreifen kann, ist es in der Lage, Fragen zu verschiedenen Themen zu beantworten. Das bedeutet, dass es als Informationsquelle und Recherche-Tool genutzt werden kann. ChatGPT kann auch als Basis für die Erstellung von Chatbots verwendet werden und ist in der Lage, menschenähnliche Konversationen zu führen. Sie kann als Grundlage für die Erstellung von Chatbots genutzt werden, die auf die Bedürfnisse von Unternehmen oder Organisationen zugeschnitten sind.

---

[17] (Brockman, 2022)

Doch diese KI bietet mittlerweile weit mehr als nur die „Standard-Tools" mit einer Menge an praktischen Eigenschaften. Bekannt ist, dass die KI nur auf Daten bis 2021 trainiert ist. Plugins ermöglichen es ChatGPT nun, auf externe Datenbanken zuzugreifen und so aktuelle Informationen bereitzustellen. Durch das Tool Web Browser kann das Internet mit „browse", gefolgt von einer URL oder einem Suchbegriff durchsucht werden. Durch das Aktivieren der Web-Browsing-Funktion erhält ChatGPT die Fähigkeit, eigenständig im Internet nach Informationen zu suchen. Obwohl dadurch keine direkte Aktualisierung der Trainingsdaten erfolgt, ermöglicht es der KI, auch auf aktuelle Fragen und Informationen zuzugreifen und entsprechende Antworten zu generieren. Dadurch erweitert sich der Datenpool und ChatGPT kann auf exklusive und umfassende Daten zugreifen, die sonst nicht verfügbar wären. Diese Integration verbessert die Qualität und Genauigkeit der Antworten von ChatGPT.

Bereits existierende Plug-ins von Unternehmen wie Expedia, Klarna oder Zapier bieten spezifische Dienste oder Integrationen an. Reisepläne können über Expedia direkt in ChatGPT erstellt werden. Das Plugin für Zapier ermöglicht die Verbindung mit Newsletter-Diensten, Kurs-Plattformen, Social Media, WordPress oder anderen Diensten. Außerdem kann die KI über den Code Interpreter seit kurzem Code schreiben und somit den Einstieg für Webseiten oder anderen Programmieraufgaben geben. Mit dem Code Interpreter sind verschiedene Programmiersprachen wie Python, JavaScript, Ruby und C# möglich. Durch das Schlüsselwort „run" gefolgt von dem Code erfolgt das Ergebnis als Textausgabe. Weitere Beispiele solcher Plugins sind die Verbindung mit Wolfram Alpha, die ChatGPT sehr gute Mathekenntnisse ermöglicht, durch Giftwrap können Geschenkideen gefunden werden oder Immobilienanzeigen über Zillow gesucht werden.

Diese Plugins können einfach hinzugefügt und aktiviert werden, um die Nutzungsmöglichkeiten von ChatGPT zu erweitern und an individuelle Bedürfnisse anzupassen. Das Plugins-Feature bietet eine weitere Möglichkeit zur Erweiterung der Funktionalität von ChatGPT. Allgemein können durch die Nutzung von Drittanbieter-Plugins zusätzliche Funktionen und Integrationen in die Chat-Gespräche eingebunden werden und somit eine flexible Anpassung und Erweiterung der Funktionen von ChatGPT entsprechend den Anforderungen und Vorlieben der Nutzer ermöglichen.

Allerdings weist ChatGPT auch Negatives auf. Zum Beispiel sind bei der Eingabe präzise Formulierungen nötig, um sein gewünschtes Ergebnis zu bekommen. Außerdem stellt die KI keine Rückfragen, weshalb die Antworten nicht immer genau dem Wunsch entsprechen bzw. manchmal falsche Informationen herausgibt. Eine allgemeine Angst ist der Verlust von Arbeitsplätzen für menschliche Arbeitskräfte. Genaueres dazu folgt im späteren Teil der Arbeit.

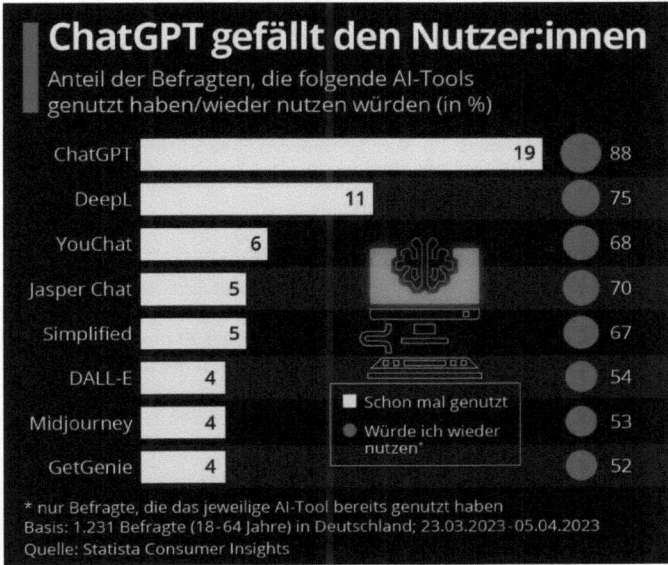

Abbildung 5: ChatGPT gefällt den Nutzer:innen [18]

In der Statistik „ChatGPT gefällt den Nutzer:innen" (s. Abb. 5) vom März/April 2023 wurden 1.231 Menschen zwischen 18 und 64 Jahren in Deutschland zu unterschiedlichen KI-Tools befragt. Dabei sollten die Befragten mitteilen, welche der bereits von ihnen verwendeten Tools sie erneut nutzen würden. Bereits 19 Prozent der knapp 1200 Befragten haben ChatGPT genutzt. ChatGPT scheint gut anzukommen, da 88 Prozent es erneut nutzen würden. Ebenfalls sehr beliebt ist auf dem zweiten Platz das Übersetzungs-Tool DeepL mit 11 Prozent. An dritter Stelle steht YouChat, eine ChatGPT-Alternative mit 6 Prozent.

8.2 Integration in die Marketingstrategie und Handlungsempfehlungen für Unternehmen

Die Integration von Künstlicher Intelligenz in Marketingmaßnahmen ist nicht für jedes Unternehmen geeignet oder einfach umzusetzen, denn eine erfolgreiche Implikation in einem Unternehmen erfordert eine Vielzahl an Voraussetzungen. Das Einhalten einer klaren Zielsetzung und Strategie sollte bei der Nutzung von KI im Marketing immer im Vordergrund stehen. Es ist somit nicht sinnvoll, sich nur für KI zu entscheiden, weil es andere machen. Die Nutzung allein aus dem Grund sollte vermieden werden, denn eine solche Entscheidung würde viel Geld kosten und nur geringen Impact bringen. Noch schlimmer wäre es, wenn das Team nach der Nutzung von KI frustriert ist und keinen Erfolg verzeichnet. In diesem Fall würde ein zweiter Anlauf ungleich schwieriger werden.

---

[18] (Statista Consumer Insights und Brandt, 2023)

Allgemein ist die Einführung oft mit hohen Kosten verbunden, um KI effektiv nutzen zu können. Gerade für kleine Unternehmen ist es daher schwer diesen Aufwand zu meistern. Ein wichtiger Faktor sind dementsprechend finanzielle Unterstützungen. Wissenschaftler sollten eine größere Bereitschaft zeigen, mit Unternehmen bei der Umsetzung von KI-Projekten zu kooperieren. Eine gezielte Verbreitung von Awareness und Basiswissen zu KI kann dazu beitragen, Hemmnisse und Vorbehalte abzubauen. Welche weiteren Herausforderungen die Integration in die Marketingstrategie aufweist, wird in folgenden Punkten erläutert.

8.2.1 Hochwertige Daten

Hauptgründe für den momentan zurückhaltenden Einsatz von KI sind vor allem der Mangel an Fachkräften und geeigneten Daten. In einigen Branchen, insbesondere im B2B-Bereich, sowie in bestimmten Marketingbereichen wie der Marketingstrategie, gibt es oft nicht genügend Daten in ausreichender Qualität. Um erfolgreich zu sein, benötigt KI eine große Menge an qualitativ hochwertigen Daten, aus denen sie lernen kann. Dies kann die Anwendung von KI erschweren oder sogar unmöglich machen. Um das volle Potenzial von KI auszuschöpfen, ist es wichtig, diese Hindernisse zu überwinden und die Bereitstellung von Fachkräften und hochwertigen Daten zu verbessern. Dies kann dazu beitragen, den Einsatz von KI in Unternehmen zu beschleunigen und ihre Wettbewerbsfähigkeit zu stärken. [19]

8.2.2 KI-Verständnis

Eine weitere Herausforderung besteht bei der Integration der KI-Systeme in die bestehenden Marketingprozesse. Hierbei müssen die KI-Systeme nahtlos in die Marketingstrategien des Unternehmens integriert werden, um einen reibungslosen Ablauf zu gewährleisten. Ein Hindernis bei der Zusammenarbeit in Bezug auf KI ist das fehlende gemeinsame Verständnis für KI bzw. kann ein interner Widerstand der Belegschaft gegenüber neuen Technologien sein. Ein ausreichendes Fachkräfteangebot ist ein wichtiger Baustein für eine KI-förderliche Umgebung. Um dies zu verbessern, können Awareness-Maßnahmen und die aktive Verbreitung von Wissen über KI helfen. Alle Mitarbeiter sollten ein Grundverständnis der KI haben. Dazu gehört auch die Schulung des Personals, um sicherzustellen, dass sie in der Lage sind, die KI-Systeme effektiv zu nutzen. Es ist wichtig, dass Unternehmen in die Aus- und Weiterbildung von Mitarbeitern investieren, um ein qualifiziertes Team aufzubauen, das in der Lage ist, KI-Technologien erfolgreich zu nutzen und zu entwickeln.

8.2.3 IP-Schutz

Lösungen für den IP-Schutz sind ein wichtiger Aspekt bei der Umsetzung. Der IP-Schutz bezieht sich auf den Schutz von Innovationen und Entwicklungen, die auf KI-Technologien beruhen. Unternehmen, die Produkte oder Dienstleistungen auf Basis von KI entwickeln, müssen sicherstellen, dass sie ihre Innovationen rechtlich schützen lassen, um Konkurrenten daran zu hindern, diese Innovationen ohne Genehmigung zu nutzen oder zu kopieren. Der Schutz ist ein wichtiger Faktor, um die Wettbewerbsfähigkeit von Unternehmen zu sichern und die eigenen Investitionen in Forschung und Entwicklung zu fördern. Außerdem soll eine Erleichterung in Bezug auf die Datennutzung geschaffen werden.

---

[19] Vgl. (Brandt, 2023; Claudia Bünte, 2018, S.31)

8.2.4 IT-Infrastruktur

Ein weiteres Hindernis ist oft der Mangel an technischen Schnittstellen und Softwarelösungen, die nicht kompatibel miteinander sind. Um dieses Problem zu lösen, können branchen- und anwenderspezifische Lösungen oder Standards helfen. Hierbei ist es wichtig, dass Unternehmen sich auf eine gemeinsame Schnittstellenarchitektur einigen, um die Integration von KI-Lösungen zu erleichtern. Das bedeutet auch, für eine leistungsfähige IT-Infrastruktur zu sorgen. Der flächendeckende Ausbau von Breitbandinternet (schneller Zugang zum Internet) und schnellen Datenübertragungsraten sowie die Bereitstellung von leistungsstarken Servern und Speichersystemen sind hierbei von entscheidender Bedeutung. Um die Dateninfrastruktur weiter zu verbessern, sind datenschutzkonforme und sichere Cloud-Angebote notwendig. Darüber hinaus sind rechtliche Regelungen zur Verbesserung des Zugangs und der Nutzungsmöglichkeiten von Daten notwendig, um die schnelle Verbreitung von KI in Unternehmen zu unterstützen.

8.2.5 Schritte zur Umsetzung

Die Integration von KI-Textgeneratoren in die Marketingstrategie erfordert eine sorgfältige Planung und Umsetzung, kann aber erhebliche Vorteile für Unternehmen bringen. Durch eine effektive Integration können Unternehmen ihre Produktivität steigern, Zeit und Kosten sparen und die Qualität ihrer Texte verbessern. Insgesamt erfordert die Zusammenarbeit von Unternehmen in Bezug auf KI eine breite Palette von Maßnahmen und Anstrengungen, um die Herausforderungen zu bewältigen und die Chancen von KI voll auszuschöpfen. Unternehmen, die diese Herausforderungen erfolgreich meistern, werden in der Lage sein, die Effizienz und Effektivität ihrer Prozesse zu steigern und Wettbewerbsvorteile zu erzielen.[20]

Hier sind wichtige Schritte, die Unternehmen bei der Integration von KI-Textgeneratoren in ihre Marketingstrategie berücksichtigen sollten:

Identifizieren konkreter Anwendungsfälle

Es ist von wesentlicher Bedeutung für Unternehmen, klare Zielsetzungen zu formulieren, die den Umfang und die Art der zu generierenden Texte präzise definieren. Hierbei können verschiedene Anwendungsbereiche wie beispielsweise die automatische Erstellung von Produktbeschreibungen, die Generierung personalisierter E-Mails oder die Erstellung von Social-Media-Beiträgen in Betracht gezogen werden. Es ist dabei von hoher Relevanz, dass diese definierten Anwendungsfälle mit den übergeordneten Geschäftszielen des Unternehmens in Einklang stehen.

Auswahl der richtigen KI-Textgeneratoren

Bei der Auswahl eines KI-Textgenerators ist es für Unternehmen entscheidend, ihre Anforderungen und Bedürfnisse genau zu definieren. Angesichts der Vielzahl von verfügbaren Optionen sollte eine umfassende Liste potenzieller Anbieter erstellt und die verschiedenen Technologien sorgfältig verglichen werden. Durch diesen systematischen Ansatz können Unternehmen sicherstellen, dass der ausgewählte Textgenerator ihren spezifischen Anforderungen am besten entspricht. Es empfiehlt sich, Aspekte wie Leistungsfähigkeit, Genauigkeit, Anpassungsfähigkeit, Integrationsmöglichkeiten und den Ruf des Anbieters zu berücksichtigen, um eine fundierte Entscheidung zu treffen.

---

[20] Vgl. („Künstliche Intelligenz", o. D.)

Integration des KI-Textgenerators in die bestehende IT-Infrastruktur
Die Integration eines KI-Textgenerators in die bestehende IT-Infrastruktur eines Unternehmens erfordert sorgfältige Planung und Umsetzung. Es ist ratsam, entweder mit einem erfahrenen IT-Partner zusammenzuarbeiten oder interne Ressourcen zur Implementierung einzusetzen. Bei der Integration ist es von großer Bedeutung, sicherzustellen, dass der Textgenerator nahtlos mit den vorhandenen Systemen kommunizieren kann. Dies beinhalten den Import und Export von Daten sowie die Einhaltung der IT-Sicherheitsrichtlinien des Unternehmens. Durch eine effektive Integration kann der KI-Textgenerator reibungslos in den bestehenden Workflow eingebunden werden und seine Funktionen vollständig nutzen.

Schulung der Mitarbeiter
Eine erfolgreiche Nutzung des KI-Textgenerators erfordert eine angemessene Vorbereitung und Schulung der Mitarbeiter. Neben der reinen technischen Schulung ist es von großer Bedeutung, den Mitarbeitern ein umfassendes Verständnis für die Möglichkeiten und Einschränkungen des Textgenerators zu vermitteln. Dies kann beispielsweise durch Schulungen, Schulungsmaterialien oder interne Kommunikation erfolgen. Die Einbindung der Mitarbeiter während der Einführungsphase ist ebenfalls entscheidend, um ihr Engagement und ihre Akzeptanz zu fördern. Darüber hinaus ist es wichtig, den Mitarbeitern kontinuierliche Unterstützung und Hilfestellung bei der Anwendung des KI-Textgenerators anzubieten, um sicherzustellen, dass sie das volle Potenzial ausschöpfen können.

Überwachung und Optimierung
Eine kontinuierliche Überwachung und Optimierung des KI-Textgenerators ist essenziell, um sicherzustellen, dass die generierten Texte den Qualitätsstandards des Unternehmens entsprechen. Es empfiehlt sich, regelmäßig die Ergebnisse des Textgenerators zu überprüfen und gegebenenfalls Anpassungen vorzunehmen, um eine optimale Leistung zu gewährleisten. Dies erfordert ein fundiertes Verständnis der Funktionsweise des Textgenerators sowie klare Zielsetzungen und Erwartungen seitens des Unternehmens.

8.3   Ethan Mollick - Experiment

Ethan Mollick ist ein US-amerikanischer Professor für Management an der Wharton School der University of Pennsylvania. Er hat einen Abschluss in Ingenieurwissenschaften von der University of Illinois in Urbana-Champaign und einen Doktor in Management von der Sloan School of Management am Massachusetts Institute of Technology. Mollicks Forschung befasst sich hauptsächlich mit der Entstehung und dem Wachstum von Online-Märkten, Crowdfunding und Entrepreneurship. Er hat zahlreiche Artikel in renommierten Fachzeitschriften wie der Harvard Business Review, dem Journal of Business Venturing und Management Science veröffentlicht. Neben seiner akademischen Arbeit berät Mollick auch Unternehmen und Organisationen in Bezug auf Crowdfunding und Entrepreneurship. Er hat auch einen Online-Kurs zum Thema "Entrepreneurship 2: Launching your Start-Up" entwickelt und lehrt diesen an der Wharton School.

Die Fortschritte bei der Entwicklung von generativen KI-Tools, die Text, Bilder, Stimmen, Code und vieles mehr, basierend auf den Eingabeaufforderungen eines Benutzers erstellen können, sind erstaunlich. Ein kürzlich von Ethan Mollick durchgeführtes Experiment zeigt, wie leistungsstark diese Tools sind und er beschrieb das Ganze als "übermenschlich". Bei dem Projekt handelte es sich um die Vermarktung der Einführung eines Lernspiels. Die Aufgabe der KI bestand darin die ganze Arbeit durch seine Anweisungen zu erledigen. Mollick verwendete Bing, die Suchmaschine von Microsoft, die von GPT-4 unterstützt wurde, um Informationen über das Spiel und den Markt für Geschäftssimulationen zu sammeln. Danach wies er Bing an, ein Dokument zu erstellen, das eine E-Mail-Marketingkampagne und eine Webseite zur Werbung für das Spiel skizziert. In weniger als drei Minuten wurden vier E-Mails mit insgesamt 1.757 Wörtern generiert. Bing wurde ebenfalls verwendet, um die Website zu erstellen. Durch MidJourney, ein weiteres generatives KI-Tool, konnte das "Hero Image" für die Website durch einfache Texteingabeaufforderungen erzeugt werden. Des Weiteren erstellte er über Bing Beiträge für fünf Social-Media-Plattformen, einschließlich Facebook und Twitter. Danach wurde ein Skript für ein Video von Bing geschrieben, während durch das KI-Tool ElevenLabs eine realistische Stimme erstellt und durch ein weiteres Tool namens D-id das Video fertig erstellt wurde. Laut Mollick hätte sein KI-Chatbot mit einer E-Mail-Automatisierungssoftware die E-Mail-Kampagne tatsächlich für ihn durchführen können, wenn er die Plugins (optionale Software-Komponente) von OpenAI gehabt hätte. [21]

Innerhalb von nur 30 Minuten konnte Mollick mit Hilfe von KI-Tools Marktforschung betreiben, ein Positionierungsdokument erstellen, eine E-Mail-Kampagne schreiben, eine Website erstellen, ein Logo und ein "Hero Image" erstellen, eine Social-Media-Kampagne für mehrere Plattformen erstellen, ein Skript schreiben und ein Video erstellen lassen. Dies alles wurde für die Vermarktung eines neuen Lernspiels in kurzer Zeit verwendet. Die Fortschritte bei der Entwicklung von generativen KI-Tools sind erstaunlich und haben das Potenzial, viele Aufgaben in kurzer Zeit zu erledigen.

---

[21] Vgl. (Mollman, 2023)

9 Stärken und Schwächen der Technologie

9.1 Stärken

Die Nutzung von Künstlicher Intelligenz zeigt Vorteile im Marketing. Durch die Technologie der Textgeneratoren können genaue Vorhersagen und Empfehlungen basierend auf Kundendaten und -verhalten geliefert werden. Dadurch können Unternehmen personalisierte Marketingstrategien entwickeln, die auf die individuellen Bedürfnisse und Präferenzen ihrer Kunden zugeschnitten sind. Dank ihrer vielfältigen Anwendungsmöglichkeiten bieten KI-basierte Textgeneratoren die Chance, menschliche Fähigkeiten und Fertigkeiten zu unterstützen und zu verbessern. Durch das Eröffnen neuer Wege der Wertschöpfung hat generative Texttechnologie das Potenzial, die Wissenschaft zu demokratisieren.

9.1.1 Automatisierung

Zu den Stärken zählt vor allem die Automatisierung und Vereinfachung einzelner Marketingschritte, denn die Technologie kann wiederkehrende Aufgaben im Marketing automatisieren. Dadurch können Marketingteams Zeit sparen und sich auf kreative und strategische Aufgaben konzentrieren. Große Datenmengen können schneller analysiert und Trends sowie Muster identifiziert werden. Marketingteams können dadurch fundierte Entscheidungen treffen und ihre Strategien basierend auf den Ergebnissen optimieren.

Durch die Integration von Chatbots oder Sprachassistenten, ist es möglich, eine 24/7-Kundenbetreuung bereitzustellen und Fragen automatisch zu beantworten. Unternehmen können dadurch die Kundenzufriedenheit und -bindung stark verbessern. Außerdem können Mitarbeiter durch die Automatisierung von Routineaufgaben entlastet und neuer Raum für kreativere Tätigkeiten geschaffen werden.

9.1.2 Wirtschaftliches Potenzial

Dr. Tina Klüwer, Mitglied des KI-Bundesverbands, betont das enorme wirtschaftliche Potenzial des KI-Einsatzes und dessen möglichen Beitrag zur Bekämpfung des Fachkräftemangels. Sie hebt die Bedeutung eines optimistischen Blicks auf KI in Europa hervor und betont, dass Regulierungen auf konkrete Anwendungsfälle beschränkt bleiben sollten. Dr. Rasmus Rothe, unterstreicht die Notwendigkeit der Wettbewerbsfähigkeit von Unternehmen in Deutschland und Europa im Bereich KI. Er fordert Investitionen in Forschung und Start-ups.[22]

9.1.3 Effiziente Unterstützung

Die Generatoren, basierend auf dem NLP, können effektiv eingesetzt werden, um Kommunikationsbarrieren, zeitaufwändige Informationsrecherche, hohe Kommunikations- und manuelle Eingabeanforderungen zu bewältigen.[23]

Die Stärken der KI-Systeme zur Sprachverarbeitung umfassen verschiedene Bereiche. Erstens sind sie in der Lage, vorgegebene Texte zu verarbeiten, indem sie Informationen extrahieren, Zusammenhänge erkennen und Schlussfolgerungen ziehen können. Die Qualität der Texte kann dadurch stark verbessert werden. Zweitens sind sie in der Lage, neue Texte zu generieren, indem sie auf Basis des gelernten Wissens und der Muster, die sie während des Trainings erfasst haben, eigenständig Texte erstellen können. Drittens sind sie in der Lage, Aufgaben zu

---

[22] Vgl. („Deutscher Bundestag - ChatGPT: Europa darf den Anschluss nicht verpassen", 2023)
[23] Vgl. („Künstliche Intelligenz", o. D.)

interpretieren und in Form von Dialogen mit Menschen zu interagieren, indem sie Fragen beantworten, Informationen liefern oder Anweisungen entgegennehmen können.[24]

9.1.4 Schnelligkeit

Besonders bemerkenswert ist die schnelle Reaktionszeit der Systeme bei der Beantwortung von Anfragen oder der Durchführung von Aufgaben. Dank ihrer Fähigkeit, große Datenmengen effizient zu verarbeiten und auf umfangreiches Wissen zuzugreifen, können sie innerhalb kürzester Zeit präzise und relevante Antworten liefern oder Aufgaben erledigen. Dies ermöglicht eine effiziente und zeitnahe Unterstützung für Benutzer und trägt zur Steigerung der Produktivität und Effektivität bei.

Ein weiterer Punkt ist das mögliche Handeln in „Echtzeit". KI-Systeme können genutzt werden, um herauszufinden, welche Personen oder Gruppen die öffentliche Meinung beeinflussen und wie ihre Marke wahrgenommen wird. Mit Hilfe von KI kann ein Unternehmen bspw. die sozialen Medien analysieren, um wichtige Erkenntnisse darüber zu gewinnen, wie sie effektiv auf eine mögliche Krise reagieren können. Die Nutzung von KI-Systemen ermöglicht es, Echtzeitinformationen zu erhalten und ihre Kommunikationsstrategien entsprechend anzupassen, um die Auswirkungen von Reputationskrisen zu minimieren und das Image der Marke zu schützen.

9.1.5 Kosten

Die Anwendung eines Textgenerators führt zu langfristigen Kostenersparnissen, da weniger Zeit und Ressourcen für die Erstellung von Texten aufgewendet werden müssen. Durch die Automatisierung von Textgenerierungsaufgaben können Unternehmen effizientere Prozesse und Arbeitsabläufe etablieren, die zu einer erhöhten Produktivität und Kosteneffizienz führen. Die Reduzierung des manuellen Aufwands bei der Texterstellung ermöglicht es den Mitarbeitern, ihre Zeit auf andere geschäftskritische Aufgaben zu konzentrieren.

Darüber hinaus können Unternehmen die Ausgaben für externe Texter reduzieren oder sogar eliminieren. Dies bedeutet eine Einsparung von Kosten, die normalerweise mit der Beauftragung und Bezahlung von Textern verbunden sind. Indem interne Mitarbeiter den Textgenerator nutzen, um qualitativ hochwertige Texte zu erstellen, können Unternehmen ihre Abhängigkeit von externen Dienstleistern verringern und somit langfristige Kosteneinsparungen erzielen. Es ermöglicht eine effektive Nutzung der vorhandenen Ressourcen und eine bessere Ausrichtung der Mitarbeiter auf strategischere Aufgaben, was letztendlich zu finanziellen Einsparungen führt.

9.2 Schwächen

Nach der Ernennung einiger Stärken von KI-basierten Textgeneratoren, sind auch wichtige Schwächen dieser zu beachten. Durch die kontinuierliche Weiterentwicklung entstehen Lücken im Einsatz und einige Bedenken. Sie lassen sich in folgende wichtige Punkte unterteilen.

9.2.1 Daten

Einer der größten Bedenken hinsichtlich des Einsatzes von KI ist der Datenschutz. Da KI auf der Verarbeitung von Daten basiert, können persönliche Daten ohne Zustimmung der Be-

---

[24] Vgl. (Albrecht, 2023, S. 35)

troffenen verwendet werden, was ein Verstoß gegen Datenschutzgesetze darstellt. Die Ergebnisse von KI-Modellen zur Sprachverarbeitung sind stark von der Qualität der Eingangsdaten abhängig. Insbesondere die Daten, mit denen die Modelle trainiert werden, spielen eine entscheidende Rolle. Bei der Trainingsphase sind jedoch gewisse Einschränkungen zu beachten. Aufgrund des hohen zeitlichen Aufwands werden in der Regel nur Daten bis zu einem bestimmten Zeitpunkt berücksichtigt. Beispielsweise wurden bei ChatGPT lediglich Daten bis September 2021 einbezogen. Dadurch können gesellschaftliche Entwicklungen, die danach stattgefunden haben, nicht in die Modelle einfließen. Des Weiteren besteht die Möglichkeit, dass sich die Ausrichtung der Modelle auf vergangene Daten und Muster konservativ auswirkt, indem die Nutzer diese Ausrichtung übernehmen und innovative Denkweisen vernachlässigen. Zudem sind die Trainingsdaten stark von englischen Texten geprägt, während andere Sprachen weniger vertreten sind. Dadurch können die Ergebnisse im Vergleich zum Englischen schlechter ausfallen.

Insgesamt sind die Lerndatenbestände, die Qualität und Repräsentativität der Trainingsdaten von entscheidender Bedeutung für die Leistungsfähigkeit und Anwendbarkeit von KI-Modellen zur Sprachverarbeitung. Es ist wichtig, diese Einschränkungen zu beachten und die Modelle kontinuierlich zu überprüfen und zu optimieren, um die bestmöglichen Ergebnisse zu erzielen.[25]

9.2.2 Hardware

Die Verarbeitung großer NLP-Modelle, insbesondere während der Feinabstimmung für spezifische Aufgaben, kann sehr rechenintensiv sein. Das Training solcher Modelle erfordert erhebliche Rechenressourcen, da komplexe Berechnungen auf großen Mengen von Daten durchgeführt werden müssen.

Die Feinabstimmung bezieht sich auf den Prozess, bei dem ein vortrainiertes Modell auf eine bestimmte Aufgabe angepasst wird, indem es mit einer spezifischen Datensammlung trainiert wird. Während dieser Feinabstimmung müssen große Mengen von Daten verarbeitet und zahlreiche Berechnungen durchgeführt werden, um die Gewichtungen des Modells anzupassen und die gewünschte Leistung für die spezifische Aufgabe zu erzielen.

Um diese rechenintensiven Aufgaben effizient zu bewältigen, wird häufig eine spezialisierte Hardware wie Grafikkarten (GPUs) eingesetzt. Grafikkarten sind darauf ausgelegt, komplexe Berechnungen parallel und schneller durchzuführen als herkömmliche Prozessoren (CPUs). Durch die Nutzung von GPUs können die Trainingszeiten erheblich verkürzt werden und größere Modelle auf Standardhardware trainiert werden. Ohne die Verwendung einer Grafikkarte können Training und Feinabstimmung von großen NLP-Modellen erheblich längere Wartezeiten erfordern oder sogar praktisch unmöglich sein. Die Verfügbarkeit von leistungsstarker Hardware wie GPUs ist daher entscheidend, um das Training und die Nutzung dieser Modelle effizient und praktikabel zu machen. Allerdings ist diese notwendige, sehr leistungsfähige Hardwareumgebung mit hohen Kosten verbunden und daher nicht für jedes Unternehmen möglich.

9.2.3 Qualität

Ein weiteres Problem ist die Vertrauenswürdigkeit. Kunden können das Vertrauen in ein Unternehmen verlieren, wenn sie das Gefühl haben, dass ihre Daten von KI missbraucht werden oder wenn die Entscheidungen der Technologie nicht transparent genug sind. Allerdings gibt

---

[25] Vgl. (Albrecht, 2023, S. 42)

es auch Bedenken hinsichtlich der Qualität und Ethik von KI-erzeugten Texten. Unternehmen müssen daher sicherstellen, dass die Verwendung ethisch vertretbar ist und dass der Datenschutz gewährleistet wird.

Ein weiterer Nachteil ist, dass sie fehleranfällig sein können, insbesondere wenn sie unvollständige oder fehlerhafte Daten verarbeiten oder wenn sie nicht richtig trainiert wurden. Außerdem weisen sie oft Probleme bei längeren Konversationen oder in Bezug auf Logik, Faktentreue und den Weltbezug auf. Unternehmen müssen sicherstellen, dass ihre KI-Lösungen regelmäßig getestet und verbessert werden, um eine hohe Genauigkeit und Zuverlässigkeit zu gewährleisten. Es sollte sich auf diese Art von Modellen nicht komplett verlassen werden, denn es kann immer wieder zu Fehlern kommen.

9.2.4 Fälschungen

Es ist unabdingbar, sich der Tatsache bewusst zu sein, dass wir uns in einer Zeit befinden, in der die Verbreitung von Falschinformationen nicht mehr nur auf Texte und Bilder beschränkt ist. Mit der raschen technologischen Entwicklung können nun Falschinformationen in Form von Tönen und Sprachaufnahmen entstehen. Durch Tools können Informationen in Texte mit eingebaut werden, die vorher gefälscht oder mit Fehlinformationen behaftet wurden, so spinnen sich einmal falsch in den Verkehr gebrachte Informationen immer weiter. Wissenschaftliche Arbeiten können dadurch gefälscht werden, Belege für die Inhalte können frei erfunden sein und es ist nicht mehr nachvollziehbar, wer der ursprüngliche Verfasser bestimmter Ideen war.

Durch KI-Anwendungen wie ChatGPT haben politische Kampagnen nun die Möglichkeit, Bürgerinnen und Bürger gezielt, durch Algorithmen, die nur bestimmte Informationen präsentieren, persönlich anzusprechen, Realitätsblasen aufzubauen und Falschmeldungen zu verbreiten.[26]

9.2.5 Transparenz

Mehr Aufklärung über den Einsatz von KI ist erforderlich, sowohl seitens der Anbieter als auch der Unternehmen selbst. Für die meisten Menschen ist diese Technologie jedoch schwer zu verstehen. Eine Aufklärung kann dazu beitragen, das Verständnis dafür zu verbessern, wie diese Systeme funktionieren, welche Daten sie verwenden und wie sie Entscheidungen treffen. Transparenz ermöglicht es den Menschen, die Auswirkungen und mögliche Vorurteile dieser Technologie besser zu erkennen und zu bewerten. Es ist wichtig, dass Organisationen, die KI-Systeme entwickeln oder einsetzen, ihre Absichten und Interessen transparent machen. Dies betrifft insbesondere den Einsatz von KI in politischen oder kommerziellen Kontexten. Eine offene Kommunikation über Ziele, Zwecke und mögliche Auswirkungen kann dazu beitragen, das Vertrauen der Menschen zu gewinnen und den Einsatz von KI ethisch und verantwortungsvoll zu gestalten.

In Anbetracht dieser Herausforderungen ist es von großer Bedeutung, klare Grenzen zu ziehen und vorbeugende Maßnahmen zu ergreifen. Dazu gehören zum Beispiel die Förderung von Maßnahmen zur Verbesserung der Transparenz und Nachvollziehbarkeit. Es gilt, die Potenziale von KI-Textgeneratoren zu nutzen, ohne dabei die Integrität der wissenschaftlichen Publikationslandschaft zu gefährden.

---

[26] Vgl. (ebd.)

10 Fazit und Ausblick

10.1 Zusammenfassung der Ergebnisse und Beantwortung der Forschungsfragen

Im Rahmen der vorliegenden Arbeit wurde der Einsatz von Künstlicher Intelligenz im Marketing untersucht, wobei der Fokus auf Textgeneratoren lag. Ziel war es, die Möglichkeiten und Herausforderungen der Integration von KI-Textgeneratoren in die Marketingstrategie aufzuzeigen und auf Basis der Ergebnisse die Forschungsfragen zu beantworten. Hierbei wurden sowohl theoretische Grundlagen als auch praktische Anwendungen untersucht.

Die vorliegende Forschungsarbeit hat bedeutende Erkenntnisse aufgedeckt. Die Zusammenarbeit zwischen KI und Unternehmen in diesem Bereich befindet sich noch in den Anfängen, weshalb es bisher nur wenige konkrete praktische Beispiele gibt. Dies erschwerte die Forschung des aktuellen Themas. Dennoch steht fest, dass Textgeneratoren einen starken Einfluss auf die Unternehmenspraxis haben werden und umfassende Veränderungen bevorstehen, deren genaue Auswirkungen zum gegenwärtigen Zeitpunkt noch schwer abzuschätzen sind. Die Thematik der KI-basierten Textgeneratoren entwickelt sich rasant weiter und wird zweifellos einen tiefgreifenden Einfluss auf die Arbeitswelt haben. Es ist absehbar, dass diese Entwicklungen eine bedeutende digitale Revolution auslösen werden.

Wie beeinflusst der Einsatz von Künstlicher Intelligenz die Wirksamkeit von Marketingmaßnahmen und was sind die Möglichkeiten von KI-basierten Textgeneratoren?
Die Forschung hat gezeigt, dass KI-basierte Textgeneratoren eine Vielzahl von Möglichkeiten bieten und der Einsatz Potenzial hat, die Wirksamkeit von Marketing-Maßnahmen zu verändern. Die Automatisierung von Textgenerierung und die Möglichkeit der Personalisierung von Inhalten bieten Unternehmen neue Möglichkeiten, ihre Kommunikation und Marketingstrategien zu verbessern. Basierend auf den Untersuchungen können durch den Einsatz personalisierte Inhalte erstellt werden, die auf den individuellen Vorlieben und dem Verhalten der Kunden beruhen. Dadurch können die Kundenbindung und das Engagement gesteigert und die Effizienz des Marketings beeinflusst werden. Dies kann zu einer höheren Relevanz der Marketingbotschaften führen. Durch den Einsatz von Chatbots können Unternehmen rund um die Uhr einen schnellen und personalisierten Kundenservice bieten und verbessern dadurch die Kundeninteraktionen. Marketingmaßnahmen können kontinuierlich verbessert und optimiert werden. Allerdings ist die Integration von KI kostenintensiv und für kleinere Unternehmen häufig finanziell nicht umsetzbar.

Die Ergebnisse legen nahe, dass Unternehmen den Einsatz von Künstlicher Intelligenz und KI-basierten Textgeneratoren in ihren Marketingstrategien erwägen sollten, jedoch eine sorgfältige Planung erfordert. Durch die gezielte Nutzung von KI können sie ihre Marketing-Maßnahmen optimieren. Es ist jedoch wichtig, die ethischen, rechtlichen und sozialen Implikationen dieser Entwicklungen zu beachten. Die Qualität der generierten Inhalte, die Vermeidung von Vorurteilen oder Verzerrungen und die Einhaltung ethischer Standards müssen berücksichtigt werden. Die Gewährleistung einer effektiven und verantwortungsvollen Nutzung erfordert eine umfassende Diskussion. Unternehmen sollten sich nicht ausschließlich auf die Technologie fokussieren, sondern auch die Aspekte der Authentizität und Glaubwürdigkeit im Blick behalten. In diesem Zusammenhang wurden Handlungsempfehlungen abgeleitet, die

Unternehmen dabei unterstützen sollen, die Potenziale von KI-Textgeneratoren im Marketing gezielt zu nutzen und dabei die genannten Herausforderungen zu berücksichtigen. Darüber hinaus sollte vermieden werden, dass zu starke Regulierungen die Ermöglichung von KI behindern. Ein ausgewogener Ansatz zwischen Anerkennung der Chancen und Berücksichtigung der Risiken ist entscheidend, um das volle Potenzial von KI auszuschöpfen.

Insgesamt lässt sich festhalten, dass KI-basierte Textgeneratoren eine vielversprechende Technologie sind, die das Potenzial hat, die Art und Weise, wie Unternehmen Inhalte erstellen und kommunizieren, grundlegend zu verändern. Es besteht jedoch weiterhin Forschungsbedarf, um spezifische Aspekte wie die Auswirkungen auf das Kundenverhalten, die Effektivität verschiedener KI-Algorithmen oder den Umgang mit ethischen Herausforderungen zu untersuchen. Zukünftige Studien könnten sich auf diese Bereiche konzentrieren, um ein tieferes Verständnis zu erlangen und praktische Empfehlungen für Unternehmen abzuleiten. Weitere Untersuchungen werden erforderlich sein, um die volle Bandbreite der Auswirkungen und Potenziale zu erfassen.

10.2 Ausblick auf zukünftige Entwicklungen

Die rapide Entwicklung der Künstlichen Intelligenz macht sie zweifellos zu einer der faszinierendsten und am schnellsten voranschreitenden Technologien unserer Zeit. Aufgrund der umfassenden Entwicklung sowie der Überraschungen, die selbst Experten durch die Qualität und Vielfalt der von KI-Systemen generierten Texte erleben, kann sich die Situation schnell und drastisch verändern. Daher wird sie auch für zukünftige Veränderungen in vielen Bereichen eine große Rolle spielen und in einigen Jahren nicht mehr wegzudenken sein. Die Angst zur Überwachung unserer Gesellschaft ist dabei hoch.

„Ich gehe davon aus, dass bereits in zwei Jahren der Großteil der Inhalte im Internet von Maschinen geschrieben sein wird."[27]
Im Bereich der Spracherkennung und Textgeneratoren, wird es in den nächsten Jahren weitere bewegende Fortschritte geben. Ein interessanter Aspekt darin wird die Individualität der Menschen sein, die sich in der Anwendung von Satzzeichen und Wörtern in einer bestimmten Kombination zeigt. Diese persönliche Grammatik kann dazu dienen, eine Person zu identifizieren, unabhängig vom eigentlichen Text, den sie verfasst hat. Dies zeigt, dass die Verwendung von Sprache ein einzigartiges Merkmal ist, das Auskunft über die individuelle Schreibweise und Ausdrucksweise einer Person geben kann. Das Erkennen solcher privaten Merkmale durch Natural Language Understanding ermöglicht es, diskrete Muster zu erkennen, die den Menschen selbst möglicherweise nicht bewusst sind. Dies eröffnet neue Möglichkeiten, um die Authentizität von Texten zu analysieren und individuelle Schreibstile zu identifizieren.

10.2.1 Fake News

Künstliche Intelligenz hat mittlerweile den Fortschritt erlangt Fake News durch Fälschungen entstehen zu lassen. Menschen können mit Stimmen versehen werden oder Bilder sehen durch KI täuschend echt aus. Es ist zu erwarten, dass diese Entwicklung in Zukunft weiter an Fahrt aufnimmt und somit eine noch größere Herausforderung für die Wahrheitsfindung darstellt. Es ist daher wichtig, sich bewusst mit diesem Problem auseinanderzusetzen und nach

---

[27] (Wiegand, 2023)

Lösungsansätzen suchen, um der Verbreitung von Falschinformationen entgegenzuwirken. Im Zuge der weiter fortschreitenden Entwicklung von KI-Textgeneratoren stellt sich auch die Frage nach möglichen Auswirkungen auf die wissenschaftliche Publikationslandschaft. In diesem Zusammenhang wird häufig auf die Gefahr der Fälschung von Publikationen hingewiesen. Insbesondere die Fähigkeit von KI-Textgeneratoren, Abstracts mit glaubhaften Daten zu erzeugen, könnte hierbei zur Manipulation von wissenschaftlichen Publikationen genutzt werden. Diese Manipulation könnte nicht nur dazu führen, dass Wissenschaftler und Gutachter getäuscht werden und ihre Arbeit in die falsche Richtung gelenkt wird, sondern auch die beim wissenschaftlichen Publizieren übliche Begutachtungen beeinträchtigt werden. Das Vertrauen in die wissenschaftliche Publikationslandschaft könnte dadurch insgesamt geschwächt werden.[28]

Es wird außerdem zu einem erhöhten Spam kommen. Als Schutzmaßnahme werden Texte, aber auch allgemein Online-Plattformen, soziale Netzwerke, etc. kontrolliert und verifiziert werden müssen. Damit ein klarer Strich zwischen Content von echten Menschen und KI-basierten Texten gezogen werden kann. Durch die aktuellen Leistungen von KI besteht das Risiko auf eine Verletzung unsere Grundrechte, unserer Sicherheit oder sogar unserer Gesundheit. Eine Herausforderung für die Entwicklung und Nutzung wird die Einhaltung der Privatsphäre sein. Der Einsatz von Künstlicher Intelligenz ist daher ethisch nicht vertretbar, wenn er eine eindeutige Gefahr für die Menschenrechte, die Sicherheit und Privatsphäre oder die Gesundheit darstellt. Umso wichtiger ist daher die Vermeidung von möglichen Schäden, besonders bei schützenswerten personenbezogenen Daten. Das bedeutet, es wird ebenfalls ein wichtiger Bestandteil sein, dass eine KI ausführlich getestet wird, um von den Nutzern akzeptiert zu werden und mögliche Schäden vermieden werden.

10.2.2 AI-Act – KI-Verordnung der EU

Damit dies in Zukunft nicht passiert und sichergestellt werden kann, dass diese Anwendungen keine negativen Auswirkungen auf die Sicherheit und Gesundheit von Menschen haben und konform mit den Grundrechten gehen, sollen einheitliche Vorgaben für den Einsatz von KI-Systemen innerhalb der Europäischen Union festgelegt werden. Das Ganze wird im AI-Act Gesetz festgelegt. Im April 2021 gab es dazu den ersten Gesetzesvorschlag. Momentan wird jedoch noch der exakte Gesetzestext vom EU-Parlament und den Mitgliedsstaaten konkretisiert. Die EU will dadurch einen gesetzlichen Rahmen schaffen, um Künstliche Intelligenz transparenter, fairer und vor allem sicherer zu machen. *„Es ist sehr wahrscheinlich, dass weltweit andere Länder den AI-Act als Vorlage nutzen und seine Ansätze übernehmen. Damit hätte die EU einen Standard gesetzt, an dem sich andere Staaten orientieren könnten.",* so Nikolett Aszódi.[29] Dabei kategorisiert das Gesetz in verschiedene Risikostufen, in denen KI-Systeme und ihre Anwendungen bestimmte Anforderungen erfüllen müssen. Hochriskante Systeme wie Bereiche mit Strafverfolgung, Einstellungsverfahren oder Grenzkontrollen, sollen demnach in einer EU-Datenbank registriert werden.

Die KI-Verordnung birgt ein enormes Potenzial, um sinnvolle Regeln zu etablieren, die den Schutz von Menschen vor potenziellen Schäden durch KI-Systeme gewährleisten. Sie stellt einen wichtigen Schritt dar, um Transparenz zu schaffen und demokratische Werte in die Re-

---

[28] Vgl. („Deutscher Bundestag - ChatGPT: Europa darf den Anschluss nicht verpassen", 2023)
[29] (von Lindern, 2023)

gulierung des KI-Marktes einzubeziehen. Durch die Festlegung von klaren Richtlinien und Risikobewertungen werden die Entwicklung, Einführung und Nutzung von KI-Technologien gezielter gesteuert. Indem klare Vorgaben und Standards für die Entwicklung und den Einsatz von KI festgelegt werden, soll sichergestellt werden, dass KI-Systeme die erforderlichen Anforderungen erfüllen und potenzielle Risiken minimiert werden. Darüber hinaus ist die KI-Verordnung bestrebt, mehr Transparenz zu schaffen. Dies bedeutet, dass Unternehmen, die KI-Systeme entwickeln oder nutzen, verpflichtet sind, offenzulegen, wie diese Systeme funktionieren und welche Daten sie verwenden. Diese Transparenz ermöglicht es den Menschen, besser zu verstehen, wie KI-Systeme Entscheidungen treffen und welche Auswirkungen dies auf sie haben kann. Ein weiterer wichtiger Aspekt der KI-Verordnung besteht darin, demokratische Werte in den Regulierungsprozess einzubringen. Dies bedeutet, dass verschiedene Interessengruppen, darunter Bürger, Unternehmen und Organisationen, in den Entwicklungsprozess der Verordnung einbezogen werden, um sicherzustellen, dass unterschiedliche Perspektiven berücksichtigt werden.[30]

10.2.3 Entwicklung von ChatGPT

Die Zukunft der Textgeneratoren wie ChatGPT hängt dabei eng mit der neuen KI-Verordnung zusammen, die eine wichtige Rolle bei der Regulierung und Entwicklung dieser Technologie spielen wird. Es bleibt jedoch noch viel Raum für Diskussionen und Klärungen, insbesondere in Bezug auf die Einstufung in die Risikostufen. Insgesamt bietet die KI-Verordnung eine Möglichkeit, den Einsatz von KI-Technologien verantwortungsvoll zu gestalten und potenzielle Risiken zu minimieren. Durch die Festlegung klarer Regeln und Standards sowie die Einbeziehung von Transparenz und demokratischen Werten wird angestrebt, die positiven Auswirkungen von KI zu fördern und gleichzeitig mögliche negative Folgen zu adressieren.

Als zukünftige Entwicklungen beim Textgenerator ChatGPT stehen weitere angekündigte Plugins. Über die Verbindung mit BabyAGI sollen zukünftig direkt ChatGPT-Interfaces nutzbar sein. Über ChatSonic wird es wahrscheinlich Plugins zur Erkennung von KI-Texten, Blogartikel-Generierung und Keyword-Recherche geben. Unternehmensdaten sollen zukünftig über Plugins mit Get Guru abgefragt werden können. Außerdem können Bilder über SceneXplain in ChatGPT hochgeladen und beschrieben sowie Videos über Plugins mit WOXO VidGPT direkt erstellt werden.

10.3 Ausblick auf die Arbeitswelt

Das öffentliche Thema um Textgeneratoren sorgt auch in der Arbeitswelt für Aufsehen. Bislang sind trotz zunehmender Präsens von KI im Alltag, in den Medien, als auch in Unternehmen, noch viele Fragen offen, was Herausforderungen und Risiken aufbringt. Textgeneratoren und allgemein der Einsatz von KI sind mittlerweile bis in die Unternehmensspitzen vorgedrungen und werden in naher Zukunft auch in deutschen Unternehmen verwendet werden.

Eine repräsentative Umfrage im Auftrag des Digitalverbands Bitkom zeigt, dass alle in Geschäftsführung oder Vorstand der Befragten Unternehmen von ChatGPT bereits etwas gehört haben. Etwa 17 Prozent der Unternehmen, also jedes sechste Unternehmen, haben konkrete

---

[30] Vgl. (von Lindern, 2023)

Pläne, KI-Anwendungen einzusetzen. Weitere 23 Prozent können sich vorstellen, solche Technologien zu nutzen, haben jedoch noch keine klaren Umsetzungspläne. Dies zeigt, dass KI-basierte Textgenerierung eine zunehmend attraktive Option für Unternehmen darstellt. Die Mehrheit der Unternehmen betrachtet Künstliche Intelligenz als eine bedeutende digitale Revolution, vergleichbar mit der Einführung des Smartphones. Ganze 56 Prozent der Unternehmen sind der Meinung, dass KI zur Textgenerierung einen solch transformativen Effekt haben wird. Die potenziellen Auswirkungen der KI auf die Arbeitswelt werden von den Unternehmen unterschiedlich eingeschätzt. Etwa 51 Prozent der Unternehmen glauben, dass der Einsatz von KI zur Textgenerierung zu einer Reduzierung des benötigten Personals führen könnte. Darüber hinaus sind 40 Prozent der Ansicht, dass bestimmte Berufe möglicherweise überflüssig werden könnten. Dies verdeutlicht, dass der Einsatz von KI nicht nur Vorteile mit sich bringt, sondern auch potenzielle Herausforderungen für den Arbeitsmarkt mit sich bringen kann.[31]

Laut einer Studie des ChatGPT-Entwickler-Unternehmens OpenAI gemeinsam mit der University of Pennsylvania werden einige Berufsgruppen stärker als andere betroffen sein. Jobs, in denen Aufgaben einfach zu ersetzen bzw. teilweise schneller durch KI abgewickelt werden können sind bspw. Buchhalter, Dolmetscher aber auch Mathematiker oder Schriftsteller. Außerdem wird KI vermutlich in den Bereichen der Tech-Jobs wie Programmierer, Softwareentwickler, Webentwickler und Datenwissenschaftler durch KI-Technologien einen größeren Teil ihrer Arbeit verdrängen. In den Branchen könnte es zu gewaltigen gesellschaftlichen Umbrüchen durch das Wegfallen zahlreicher Berufe führen. Entsprechend einer Studie der Investmentbank Goldman Sachs kann es zu erheblichen Störungen auf dem Arbeitsmarkt kommen und eine Veränderung des Arbeitsalltags mit sich bringen. Durch die kontinuierliche Weiterentwicklung der KI und ihren Fähigkeiten wird eine KI-Übernahme durch einen Grad an Automatisierung bei zwei Drittel der Arbeitsplätze erwartet. Dabei könnte es zu einem rasanten Verlust von einem Viertel aller Arbeitsplätze auf der Welt kommen. Berufe, die auf handwerklichem Geschick basieren, scheinen weniger von der Automatisierung betroffen zu sein. Zu diesen Berufen gehören beispielsweise Köche, Metzger, Mechaniker oder Bauarbeiter. Diese Tätigkeiten erfordern ein hohes Maß an manuellem Geschick und interaktiven Fähigkeiten, die bislang schwer von Maschinen reproduziert werden können.[32]

Jedoch darf nicht außer Acht gelassen werden, dass die Künstliche Intelligenz auch positive Auswirkungen auf verschiedene Berufsfelder hat. Sie schafft neue Einsatzmöglichkeiten, die sich über alle Branchen erstrecken. Dies eröffnet neue Perspektiven und Chancen für Unternehmen, um effizienter und innovativer zu arbeiten.

Es ist wichtig, diese Erkenntnisse zu berücksichtigen und die Auswirkungen des Einsatzes von KI-basierten Textgeneratoren sowohl aus technologischer als auch aus gesellschaftlicher Sicht sorgfältig zu analysieren. Während einige Berufe weniger von der Automatisierung betroffen sind, ergeben sich in anderen Bereichen neue Herausforderungen und Anpassungsbedarfe. Eine umfassende Bewertung der Auswirkungen auf den Arbeitsmarkt, die Arbeitsbedingungen und die gesellschaftliche Akzeptanz ist von großer Bedeutung, um mögliche Risiken zu minimieren und die Vorteile von KI effektiv zu nutzen.

---

[31] Vgl. (Bitkom, 2023)
[32] Vgl. (Dernbach, 2023)

11 Literaturverzeichnis

11.1 Books, original works

Buchkremer, Rüdiger, Thomas Heupel und Oliver Koch. 2020. *Künstliche Intelligenz in Wirtschaft & Gesellschaft: Auswirkungen, Herausforderungen & Handlungsempfehlungen*. Springer Gabler.

Bünte, Claudia und Bernhard Wecke. 2022. *Künstliche Intelligenz – die Zukunft des Marketings: Ein praktischer Leitfaden für Marketing-ManagerInnen*. Springer Gabler.

Bünte, Claudia. 2018. *Künstliche Intelligenz – die Zukunft des Marketing: Ein praktischer Leitfaden für Marketing-Manager*. Springer-Verlag.

Diebel-Fischer, Hermann, Nicole Kunkel und Julian Zeyher-Quattlender. 2022. *Mensch und Maschine im Zeitalter „Künstlicher Intelligenz"*. LIT Verlag Münster.

Gentsch, Peter. 2019. *Künstliche Intelligenz für Sales, Marketing und Service. Springer e-Books*. https://doi.org/10.1007/978-3-658-25376-9

Holland, Heinrich D. 2020. „Künstliche Intelligenz Und Automation Im Dialogmarketing". In *Digitales Dialogmarketing*. https://doi.org/10.1007/978-3-658-28973-7_23-1

Konecny, Jaromir. 2020. *Ist das intelligent oder kann das weg?* Langen Mueller Herbig.

Krüger, Sven. 2021. *Die KI-Entscheidung: Künstliche Intelligenz und was wir daraus machen*. Springer.

Terstiege, Meike. 2021. *KI in Marketing & Sales – Erfolgsmodelle Aus Forschung Und Praxis. Springer EBooks*. https://doi.org/10.1007/978-3-658-31519-1

Urbach, Nils. 2020. *Marketing im Zeitalter der Digitalisierung: Chancen und Herausforderungen durch digitale Innovationen*. Springer-Verlag.

Kohne, Andreas, Philipp Kleinmanns, Christian Rolf und Moritz Beck. 2020. *Chatbots. Springer EBooks*. https://doi.org/10.1007/978-3-658-28849-5

11.2 Journal and newspaper articles

Albrecht, Steffen. 2023. „ChatGPT Und Andere Computermodelle Zur Sprachverarbeitung: Grundlagen, Anwendungspotenziale Und Mögliche Auswirkungen". *Büro Für Technikfolgen - Abschätzung Beim Deutschen Bundestag*, Nr. TAB-Hintergrundpapier Nr. 26 (April).

Bitkom. 2023. „ChatGPT & Co.: Jedes Sechste Unternehmen Plant KI-Einsatz Zur Textgenerierung". Pressemeldung. 11. April 2023. https://www.bitkom.org/Presse/Presseinformation/ChatGPT-Jedes-sechste-Unternehmen-plant-KI-Einsatz-Textgenerierung

Dernbach, Christoph. 2023. „Welche Berufe Die KI Bedroht". *Niederelbe-Zeitung*, April, 6.

EV, Bitkom. 2022. „KI gilt in der deutschen Wirtschaft als Zukunftstechnologie – wird aber selten genutzt". *Bitkom*, 2023. Zugegriffen 21. Mai 2023. https://www.bitkom.org/Presse/Presseinformation/Kuenstliche-Intelligenz-2022#

Hawking, Stephen, Hrsg. 2017. „Stephen Hawking: Künstliche Intelligenz könnte schlimmstes Ereignis für Menschheit werden". *DER STANDARD*, November. https://www.derstandard.de/story/2000067487162/stephen-hawking-kuenstliche-intelligenz-koennte-schlimmstes-ereignis-fuer-menschheit-werden

Kreutzer, Ralf T. 2019. „Grundlagen Der Künstlichen Intelligenz Und Einsatzfelder in Marketing Und Vertrieb". *WiSt. Wirtschaftswissenschaftliches Studium* 48 (12): 4–12. https://doi.org/10.15358/0340-1650-2019-12-4

Lindern, Jakob von. 2023. „Hey ChatGPT, Hier Gelten Regeln". Zeit Online. 13. Mai 2023. Zugegriffen 15. Mai 2023. https://www.zeit.de/digital/2023-05/ai-act-eu-kuenstliche-intelligenz-open-source-chatgpt

Menzel, Christoph und Christian Winkler. 2019. „Zur Diskussion Der Effekte Künstlicher Intelligenz in Der Wirtschaftswissenschaftlichen Literatur". *Bundesministerium Für Wirtschaft Und Energie*, 5. Februar 2019. Zugegriffen 28. März 2023. https://www.bmwk.de/Redaktion/DE/Downloads/Diskussionspapiere/20190205-diskussionspapier-effekte-kuenstlicher-intelligenz-in-der-wirtschaftswissenschaftlichen-literatur.pdf?

Mollman, Steve. 2023. „A Wharton Professor Gave A.I. Tools 30 Minutes to Work on a Business Project. The Results Were 'Superhuman'". *Fortune*, 27. März 2023. https://fortune.com/2023/03/26/wharton-professor-ai-tools-openai-chatgpt-30-minutes-business-project-superhuman-results/

Shankar, Venkatesh und Sohil Parsana. 2022. „An overview and empirical comparison of natural language processing (NLP) models and an introduction to and empirical application of autoencoder models in marketing". *Journal of the Academy of Marketing Science* 50 (6): 1324–50. https://doi.org/10.1007/s11747-022-00840-3

Sonntagbauer, Michael, Markus Haar und Stefan Kluge. 2023. „Künstliche Intelligenz: Wie Werden ChatGPT Und Andere KI-Anwendungen Unseren Ärztlichen Alltag Verändern?" *Medizinische Klinik*, April. https://doi.org/10.1007/s00063-023-01019-6

Teich, Irene. 2020. „Meilensteine der Entwicklung Künstlicher Intelligenz". *Informatik Spektrum* 43 (4): 276–84. https://doi.org/10.1007/s00287-020-01280-5

Trapp, Mario. 2021. „Künstliche Intelligenz Auf Dem Prüfstand — Wie Aus Einer Künstlichen Intelligenz Eine Safe Intelligence Wird". *Digitale Welt*, Juli, 10. https://doi.org/10.1007/s42354-021-0354-4

Volkmar, Gioia V., Sven Reinecke und Peter Fischer. 2021. „Künstliche Intelligenz im Marketing: Möglichkeiten und Herausforderungen". *Die Unternehmung*, August. https://doi.org/10.5771/0042-059x-2021-3-359

Wiegand, Markus. 2023. „Die alarmierende KI-Prognose eines Medienmanagers". Pressemeldung. 5. Mai 2023. https://www.prreport.de/singlenews/uid-948321/die-alarmierende-ki-prognose-eines-medienmanagers/

Wuttke, Laurenz. 2022. „Natural Language Processing (NLP): Funktionen, Aufgaben und Anwendungsbereiche". *datasolut GmbH*, Mai. https://datasolut.com/natural-language-processing-einfuehrung/

11.3   Internet Resources

Brockman, Greg. 2022. „ChatGPT Just Crossed 1 Million Users; It's Been 5 Days since Launch." *Twitter*. Zugegriffen 6. April 2023. https://twitter.com/gdb/status/1599683104142430208?lang=en

„Deutscher Bundestag - ChatGPT: Europa darf den Anschluss nicht verpassen". 2023. Deutscher Bundestag. 26. April 2023. Zugegriffen 28. April 2023. https://www.bundestag.de/dokumente/textarchiv/2023/kw17-pa-bildung-chat-gpt-941802

„GPT-4 Is OpenAI's Most Advanced System, Producing Safer and More Useful Responses". 2023. OpenAI. 14. März 2023. Zugegriffen 2. April 2023. https://openai.com/product/gpt-4

Kirchgeorg, Manfred. 2018. „Definition: Marketing". Gabler Wirtschaftslexikon. 15. Februar 2018. Zugegriffen 3. April 2023. https://wirtschaftslexikon.gabler.de/definition/definition-29347

„Künstliche Intelligenz". o. D. Bundesministerium für Wirtschaft und Klimaschutz. Zugegriffen 9. April 2023. https://www.de.digital/DIGITAL/Navigation/DE/Lagebild/Kuenstliche-Intelligenz/kuenstliche-intelligenz.html

„Künstliche Intelligenz - Umsatz weltweit bis 2024". 2022. Statista. 9. September 2022. Zugegriffen 6. April 2023. https://de.statista.com/statistik/daten/studie/1211850/umfrage/umsatz-im-bereich-kuenstliche-intelligenz-weltweit/

Lindern, Jakob von. 2023. „Hey ChatGPT, Hier Gelten Regeln". Zeit Online. 13. Mai 2023. Zugegriffen 15. Mai 2023. https://www.zeit.de/digital/2023-05/ai-act-eu-kuenstliche-intelligenz-open-source-chatgpt

Mühlenbeck, Frank. 2022. „Der KI Chatbot ChatGPT - Definition, Funktionen, Einsatzgebiete". contentmanager Magazin. 15. Dezember 2022. Zugegriffen 13. März 2023. https://www.contentmanager.de/nachrichten/ki-chatbot-chatgpt-was-die-kuenstliche-intelligenz-fuer-das-marketing-leisten-kann/#Definition_ChatGPT

Postel, Matthias. 2020. „Künstliche Intelligenz in Corona-Zeiten". Marketing-BÖRSE. 31. August 2020. Zugegriffen 22. Mai 2023. https://www.marketing-boerse.de/fachartikel/details/2035-ki-in-corona-zeiten-warum-unternehmen-ohne-segmentierung-verloren-sind/170579

Rammer, Dr. Christian. 2022. „Kompetenzen und Kooperationen zu Künstlicher Intelligenz: Ergebnisse einer Befragung von KI-aktiven Unternehmen in Deutschland". Bundesministerium für Wirtschaft und Klimaschutz. April 2022. Zugegriffen 12. April 2023. https://www.de.digital/DIGITAL/Redaktion/DE/Digitalisierungsindex/Publikationen/publikation-download-ki-kompetenzen.pdf

11.4 Abbildungen

Brandt, Mathias. 2023. *KI entwickelt sich in Deutschland nur langsam. Statista Infografiken.* https://de.statista.com/infografik/22295/umfrage-zum-einsatz-von-kuenstlicher-intelligenz-in-unternehmen/

Statista Consumer Insights und Mathias Brandt. 2023. *ChatGPT gefällt den Nutzer:innen. Statista Infografiken.* https://de.statista.com/infografik/29840/umfrage-zur-nutzung-von-ki-anwendungen-in-deutschland/

Statista Research Department. 2022. *Künstliche Intelligenz - Umsatz Weltweit Bis 2024. Statista.* https://de.statista.com/statistik/daten/studie/1211850/umfrage/umsatz-im-bereich-kuenstliche-intelligenz-weltweit/